AF475627

UNE VISITE

À QUELQUES INSTITUTIONS DE PRÉVOYANCE

EN ITALIE

PAR

Eugène ROSTAND

Lauréat de l'Institut

Président de la Caisse d'Épargne des Bouches-du-Rhône

Président de la Société des Habitations salubres et à bon marché de Marseille

Président d'honneur de la Banque populaire de Marseille

PARIS

GUILLAUMIN & Cie, ÉDITEURS

14, RUE RICHELIEU

1891

UNE VISITE

À QUELQUES INSTITUTIONS DE PRÉVOYANCE

EN ITALIE

DU MÊME AUTEUR

LES QUESTIONS D'ÉCONOMIE SOCIALE DANS UNE GRANDE VILLE POPULAIRE (ÉTUDE ET ACTION), *avec une statistique des institutions de prévoyance et de philanthropie à Marseille*, ouvrage couronné par l'Académie des Sciences morales et politiques au concours du prix J. Audéoud (1re série), 2me éd. Paris, Guillaumin, 1889... 10 fr.

LA RÉFORME DES CAISSES D'ÉPARGNE FRANÇAISES. Paris, Guillaumin, 1891........................... ... 5 fr.

UNE VISITE

À QUELQUES INSTITUTIONS DE PRÉVOYANCE

EN ITALIE

PAR

Eugène ROSTAND

Lauréat de l'Institut

Président de la Caisse d'Épargne des Bouches-du-Rhône

Président de la Société des Habitations salubres et à bon marché de Marseille

Président d'honneur de la Banque populaire de Marseille

PARIS

GUILLAUMIN & Cie, ÉDITEURS

14, RUE RICHELIEU

1891

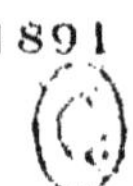

UNE VISITE

À QUELQUES INSTITUTIONS DE PRÉVOYANCE

EN ITALIE

I

« Ce n'est pas pour l'amour de l'art, c'est pour « l'amour du crédit agricole, que j'ai fait dans « la Haute-Italie une course rapide, dont je « rapporte des impressions très vives. » Ainsi commence, dans la langue spirituelle et nette dont l'illustre homme d'Etat et le savant économiste a l'habitude, le récit publié en 1883 par M. Léon Say sous le titre *Dix jours dans la Haute-Italie;* mince opuscule plus plein de faits et de vues, plus suggestif que beaucoup de gros livres, et si goûté qu'il est devenu introuvable. C'est « pour l'amour du crédit populaire », pourrions-nous dire de même, qu'appliquant une méthode nouvelle, contrôle des conclusions scientifiques par l'observation, enquête patriotique hors de nos frontières, le congrès de Menton entreprit au mois d'avril 1890 une excursion d'études.

Il s'agissait de s'en aller examiner le fonctionnement, vérifier les résultats, rechercher les principes de quelques-unes de ces banques coopératives que les Français déclaraient naguère encore irréalisables, et qui pullulent ailleurs. A ce dessein je joignais personnellement le désir de voir où en sont nos voisins d'au-delà des Alpes quant à d'autres formes du progrès économique, habitations ouvrières par exemple ou coopérations, et de juger sur place, en un des pays qui en ont une expérience déjà longue, le régime de caisses d'épargne maîtresses de l'emploi de leurs fonds, de caisses d'épargne *libres*, — un nom que prennent à tort en France nos caisses ordinaires ou privées, puisqu'elles jouent parallèlement à la caisse postale le rôle d'une autre caisse d'Etat à 5 ou 600 offices, livrant la totalité de leurs dépôts à un établissement d'Etat qui l'absorbe dans la Dette d'Etat.

Ce qu'il nous a été permis de constater en ces directions d'idées, là où il nous a été permis d'aller, voilà ce qu'il ne me semble point sans intérêt d'écrire. Le voyage de ce petit groupe de Français avec ses incidents, réceptions, assemblées, lunchs, banquets, chauds accueils d'une hospitalité souvent magnifique et partout (au moins dans ces élites morales) sincèrement affectueuse, rapprochements féconds et germes semés pour l'union latine et la paix européenne, tout cela a été retracé au jour le jour par la presse italienne, qui nous a frappés par la rapidité du renseignement, l'exactitude, et (détail dont plus d'un journal ailleurs pourrait faire son profit) l'attention aux choses sérieuses, l'intelligence de l'importance relative des faits. Mieux valait laisser relater tant de témoignages cordiaux par ceux qui les donnèrent ; il n'appartient à ceux qui en furent l'objet que de rendre grâce, et de fixer quelques noms au cours de ces pages, dès la première celui du puissant esprit qui voulut bien nous servir de guide, comme il avait conduit M. Say, Luigi Luzzatti. A lui, l'ardent champion du bien social et du progrès, l'ami loyal de notre nation, le maître populaire dans la sienne, nous avons dû de trouver partout les portes ouvertes, les mains tendues, les cœurs sympathisant.

Résumer en des notes forcément cursives, mais précises, nos observations sur l'état de la prévoyance, de la mutualité, du crédit populaire, de la coopération, de l'épargne dans les villes italiennes où nous avons passé, tel est donc le but de ce récit pratique, qui n'a rien d'une narration épisodique ou pittoresque. Nous avons revu bien des choses que M. Say vit en 1883, et nous en avons vu d'autres ; il y a sept ans déjà de 1883, et ce serait un singulier honneur pour nous s'il croyait utiles une suite modeste de sa magistrale étude, une sorte de *mise au point* actuelle des résultats alors entrevus, l'exposé de nouveaux progrès accomplis. Depuis qu'il tenta de tourner nos regards vers ces efforts de l'initiative individuelle et de la décentralisation économique chez un peuple antique et jeune, qu'ont fait les Français dans ces voies ? Rien, ou à peu près. A l'heure où l'on essaye d'acclimater le crédit populaire en rapprochant les rares associations tâtonnantes sur notre territoire, alors qu'à l'occasion d'un projet de loi organique des caisses d'épargne on s'efforce de dégager la vraie orientation d'une réforme (Dieu sait contre quels obstacles, résistances de l'Etat, sophismes de la routine, inerties des intéressés, erreurs obstruant l'opinion publique), il est opportun d'apporter le témoignage des faits ; rien ne vaut cette manière de traiter les questions. Et cela non pour les gens de partis-pris, fermés et sourds à tout, mais pour ceux de nos compatriotes qui voudraient tirer notre pays de ses ornières à force de bonne foi et de bon vouloir.

Nous partions le 10 avril 1890 de Menton

pour Gênes. C'est dans cette concurrente maritime et industrielle, si inférieure pourtant à Marseille par son chiffre de population, que nous arrêterons d'abord nos lecteurs.

II

Sampierdarena.

Aux portes de Gênes, un véritable faubourg industriel de la ville, Sampierdarena, agglomère ses usines, ses fonderies, ses chantiers de constructions navales : ce n'est point cela qui nous y appelle, c'est qu'il y a là un centre coopératif remarquable même en ce pays où grâce aux Luzzatti, aux Rabbeno, aux Vigano, aux Ponti, aux Pedroni, aux Maggiorino Ferraris, aux Manfredi, aux Wollemborg, à tant d'autres, la coopération a vite grandi, où elle compte déjà 659 sociétés de consommation, 750 ou 800 de crédit, 50 de maisons ouvrières, des Unions et des fédérations coopératives, etc. Le groupe de Sampierdarena nous attend au passage du train pour concerter une visite : en tête est Valentino Armirotti, un des deux *députés ouvriers* du Parlement. A la gare de Gênes, le maire *(sindaco)*, M. Castagnola, sénateur, ancien ministre, personnage éminent et homme aimable, a bien voulu venir nous recevoir. Dès le réveil, il nous conduit lui-même à Sampierdarena.

Il n'y a pas moins de trois associations coopératives extrêmement vigoureuses à Sampierdarena : une de consommation, une de maisons à bon marché, une de production. Les mêmes éléments pour une bonne part figurent dans les trois : la première a 2,200 *soci*, la seconde 400, la troisième de 7 à 800. Elles s'entr'aident ; la coopérative de production a fourni à la coopérative de consommation le moteur de sa minoterie.

La *Societa cooperativa di Consumo* date de 1866. Son but est d'acheter aliments, combustibles, tous objets nécessaires, puis de les revendre à ses adhérents, et au public, aux moindres prix courants. Les actions sont de 20 l., payables par versements mensuels. Elle comprend une Minoterie, dont nous avons manié la semoule exceptionnelle et la farine fine comme un velours, une Boulangerie dont nous avons goûté le pain exquis de tous les genres et qui produit 1700 kilogr. par nuit, une Fabrique de pâtes et vermicelles dont l'étude par les congressistes fait surgir en ce moment une similaire à Menton. Tout cela est installé avec les derniers perfectionnements : cette alliance de l'industrie et de la science par l'entremise de la coopération est d'une réelle beauté morale. Gérée au début par des commerçants habiles, la société perdit en deux années f. 2,200 sur un capital de f. 4,000; des ouvriers la prirent en mains, et elle a prospéré. L'administration est gratuite. Le contrôle des marchandises se fait chaque mois par 5 censeurs élus annuellement; l'honnêteté a été constante; depuis 24 ans une corrélation rigoureuse a toujours été constatée entre les inventaires et les magasins. La société supporte f. 100,000 d'impôts; c'est un principe des coopérateurs italiens qu'il ne faut pas demander de faveurs fiscales, que mieux vaut accepter avec courage les conditions du marché libre. Le capital atteignait au 1er janvier 1890 f. 263,490, la réserve f. 50,000, le bénéfice net du second semestre 1889 f. 25,842, l'amortissement des machines en 1889 f. 16,000; on a distribué pour l'exercice clos 7 % aux actionnaires et 3 % aux consommateurs. Qu'on se rappelle le point de départ, un déficit de f. 2,200. Le jugement délié et le sens pratique des Italiens, en particulier de la race génoise, n'ont pas été étrangers à ces résultats.

La *Societa cooperativa per la costruzione di Case Economiche* a pour objet d'édifier au profit de ses affiliés, pour les rendre propriétaires d'un chez-soi, des *appartements* dont la valeur ne peut excéder 5,000 l., et qui sont adjugés par voie de tirage au sort. Il s'agit là du système de propriété dans lequel les différents étages d'une maison appartiennent à divers propriétaires, cas qui n'est pas proscrit par notre droit puisque l'art. 664 du Code civil s'en occupe, mais qui chez nous n'est pas fréquent. Les actions se libèrent par mois ou par semaine, d'ordinaire en 16 ans; la société ne radie son hypothèque qu'après complet paiement; en cas de retard l'intérêt court à 5 %, et après quatre mois, la société procède à l'expropriation sans que nul s'en étonne. Chaque propriétaire d'un appartement assigne une cotisation annuelle de 3 ‰ à un fonds commun géré par un comité élu et destiné aux réparations indispensables. Avec les petits versements coopératifs, la société a déjà dépensé 600,000 l. en quatorze ans. On a commencé de bâtir dès qu'il y a eu 40,000 l. en caisse, et un entrepreneur a fait du crédit, que gageaient les versements. Nous avons visité ces grandes maisons, divisées en appartements qui comprennent au moins trois chambres, une salle, une cuisine, avec l'eau. Il y a actuellement 110 propriétaires. Celui qui nous a montré son appartement payait 25 l. par mois, amortissement compris. Racontant avec sincérité, nous ne pouvons dire ni que le système d'indivision forcée des immeubles nous plaise, ni que les constructions nous aient paru des modèles du genre; mais on ne saurait assez louer l'objectif de l'association, l'initiative qui la fit sortir d'un milieu ouvrier, les résultats obtenus avec des ressources et une gestion ouvrières.

La troisième institution est la *Societa cooperativa di Produzione fra gli Operai*. Nous voici devant la forme la plus délicate de la coopération, celle qui en est le dernier terme, à laquelle doit conduire la participation aux bénéfices, et que chez nous tant de patrons figés déclarent une utopie, tant d'ouvriers politiciens ou anarchistes une inutilité, certains économistes un rêve. Celle-ci proclame son dessein de réunir, « avec les propres épargnes des associés », disent fièrement les statuts, des moyens suffisants pour l'établissement d'un atelier de construction de machines en vue de diminuer la prépondérance du capital sur le travail. Idéal légitime, poursuivi par des voies pratiques. Les actions sont de 100 l., payables à raison de 0 25 c. au moins par semaine. Les ouvriers et employés sont choisis de préférence parmi les associés ; leur rétribution comprend le salaire, et 20 % des bénéfices ; leur situation d'ouvriers est d'ailleurs distincte de celle d'associés ; le conseil d'administration reste libre de les congédier, et en fait, n'en a pas besoin... La société a commencé, il y a sept ans à peine, avec un ouvrier, une moitié d'enclume, un marteau ; il est impossible d'entrer sans respect et sans émotion dans l'atelier rudimentaire des premiers jours. On a installé dans celui d'aujourd'hui l'éclairage électrique. Elle a 150 ouvriers. L'outillage acquis peu à peu, représente une valeur de 70,000 l. intégralement payée. Le capital s'élève à 88,322 l., la réserve à 26,221 l., le mouvement de caisse annuel à 800,000 l. environ. La clientèle va croissant. 1889 a laissé un bénéfice net de 20,535 l. ; on a pu répartir 3,768 l. au travail, et servir un dividende de 10 % aux actions, qui pour les trois quarts appartiennent à des ouvriers. Il est vrai qu'on accepte une direction : tout le monde ne prétend pas commander, on ne jalouse pas l'intelligence qui meut le gouvernail. Notez que cette association est d'un type exceptionnel, élevé, difficile : car elle aborde de grands travaux, elle exécute des machines, des locomotives, des chaudières de navires, des pièces considérables et complexes, elle assume des commandes pour la marine de l'Etat. Comment, en face de tels résultats, nier encore que la coopération de production soit réalisable ?

Enfin une *Banca popolare*, qui a donné 6 % pour 1889, avait au 31 mars 1890 un capital de 167,400 l. et une réserve de 23,451 l.

La plupart de ces organisations sont issues d'une *Societa Operaia di Mutuo Soccorso.* La société de secours mutuels m'apparaît, en Italie, comme la forme-mère des développements de prévoyance. Et loin de renier ce berceau, les œuvres qui en sortent le saluent avec piété. Nous visitons le beau local de la société : les bureaux des coopératives sont là ; voici des bains, des douches, un dispensaire pour les familles affiliées : sur les murs, les noms des sociétaires morts pour l'affranchissement de la patrie, et le portrait de l'un d'eux tué à Dijon en se battant pour la France contre les Allemands, Meroni, un humble scieur de planches. Une immense salle est affectée aux assemblées ; elle peut recevoir 2,000 personnes.

Nous quittons Sampierdarena avec une profonde admiration pour les travailleurs manuels qui ont lancé tout ce mouvement, qui dans cette population ouvrière ont semé non l'envie ou le rêve stériles, mais l'action féconde. Comment louer assez ces modestes créateurs, Armirotti, Carlo Rota, Bonzi, Tornaghi ? Les statuts de leurs associations sont remarquablement conçus. Ces plébéiens visent haut ; ils usent pour leurs outillages industriels des systèmes les plus avancés ; dans le règlement de la *Société de construction*, je rencontre une application de la méthode proportionnelle pour les élections ; la répartition des bénéfices de la *Société de Production* attribue une part à la bienfaisance, à l'instruction, à l'assurance, à une bibliothèque technique et scientifique. La moralité est partout leur pierre angulaire : pour être admis dans leurs groupements il faut être « *buon cittadino, buon membro di famiglia* », je cite... Les résultats sont péremptoires. Il y a plus de 20,000 ouvriers à Sampierdarena ; on n'y compte guère plus de 20 ou 25 socialistes, et ils sont impuissants, car l'ouvrier est capitaliste. Jamais de grève. Là où fleurit la coopération, le socialisme est perdu : j'entends le faux, le mauvais, car l'autre, le vrai, le pratique, est la meilleure garantie de la paix sociale.

III

Gênes

Toutes ces créations populaires si intéressantes de Sampierdarena, le maire de Gênes avait eu autant de plaisir à nous les montrer qu'il en eut ensuite à expliquer les œuvres de sa chère cité. Et c'est d'une terrasse de Sampierdarena, analogue à celle de notre Corniche marseillaise, devant l'horizon de la commune Méditerranée, qu'il nous parla de la France ; pendant son passage au ministère il avait inauguré l'ossuaire de Solférino ; il évoquait ces souvenirs, il faisait justice des malentendus, en termes dont la gravité sincère, le tact, le sain patriotisme étaient frappants. Ni M. Armirotti, ni ses camarades, convives de ce repas cordial, n'exprimèrent d'autres sentiments... Le sénateur loyaliste Castagnola, le député républicain ligure, ces deux hommes que je venais de voir ensemble en plein milieu d'action ouvrière, personnifient bien l'un la bourgeoisie libérale, éclairée de ce pays, l'autre la démocratie de l'en-avant par l'effort et par la prévoyance: les divergences politiques ne les séparent pas plus que les nuances de situation ou de rang. Entre eux je sens le lien et les solidarités d'une foi nationale, la concurrence pour le progrès, une certaine fraternité simple que le tutoiement indigène accentue : autant de traits des mœurs italiennes, et qui sont singulièrement propres à faciliter la paix sociale.

Gênes a une importante institution coopérative de crédit qui remonte à l'ère initiale de ces associations, à 1868. C'est au deuxième étage d'un palais, via San Matteo, que nous trouvons installée la *Banca Popolare di Genova.* Nous y sommes reçus avec la courtoisie charmante qui nous accueillera partout, par le président M. Melchior de Katt, les membres du conseil d'administration, le marquis Cambiaso, MM. L. Longhi, Peirano, Venzano, et le directeur très habile, très dévoué, qui gère sous le nom de conseiller-délégué, M. Félice Dagnino, type original de philanthrope jadis mêlé à la politique avancée et devenu un peu comme nos Saint-Simoniens homme d'affaires éprouvé.

La *Banca* a derrière elle déjà vingt-deux ans d'existence. Son capital est de 2 millions de lire, en 20,000 actions de 100 l. Par la suite des circonstances (et c'est le seul point faible de son histoire), ce capital est placé en immeubles à Rome; mais en attendant qu'elle le mobilise, le placement n'est pas mauvais, puisqu'elle en retire 7 % net. Le fonds de circulation lui est fourni par les dépôts, qui représentent un total de f. 2,646,199. Outre la maison-mère de Gênes, elle a deux autres établissements à Rome et à Voltri. D'après les comptes-rendus de l'assemblée générale du 2 février 1890, les opérations d'escompte en 1889 ont atteint 6.597,170 l., et le mouvement de caisse a été de 61,948,012 l. Nous remarquons la quantité des petits effets, et le grand nombre de comptes-courants avec d'autres banques populaires, car elles se traitent toutes en sœurs. L'année a laissé un bénéfice de 134,229 l., et on a réparti aux actions un dividende de 6 l., soit 6 %. La réserve arrive à 212,500 l.

La Banque est menée avec simplicité : elle ne compte pas plus de 12 employés. Un règlement très soigneux précise tous les détails du fonctionnement intérieur. Il y a trois clés de la caisse, l'une remise à un administrateur de service, l'autre au conseiller-délégué, la troisième au caissier. On ne fait d'escomptes et de prêts qu'avec les *soci :* il y en a 850. Avec le public on fait les dépôts, les avances sur titres, l'achat de papier. La majorité des clients se compose de petits commerçants, de petits patrons, de boutiquiers, d'artisans. La Banque a l'agence d'une association milanaise d'assurances mutuelles sur la vie, la *Popolare,* fondée sous le patronage des instituts de crédit et d'épargne, et régie selon les principes de la mutualité. M. Léon Say relève quelque part ce contraste qu'en France on avait voulu ouvrir des caisses d'épargne chez les percepteurs (même actuellement nos caisses ordinaires peuvent user de l'entremise des percepteurs là où elles n'ont pas de succursales), et qu'au contraire il a vu en Italie le service de perception exercé après adjudication par les banques populaires ou les caisses d'épargne ; nous avons noté cela à la *Banca popolare di Genova,* qui a soumissionné le service de perception au taux le meilleur marché, et a ce service dans ses bureaux.

Sur l'ensemble de son mouvement, elle n'a eu en souffrance pour l'exercice 1889 qu'une somme de 725 l. 80. Nous constatons là ce phénomène curieux que nous noterons partout sur notre passage, et qui nous a été confirmé pour le reste du territoire par les témoignages les plus compétents, à savoir que les banques populaires comme les caisses d'épargne n'ont pas subi (sauf exception sans portée) de contre-coup de la crise récente ; à peine si elle a ralenti ici ou là la marche ascensionnelle. Quelle preuve plus nette ces institutions pourraient-elles fournir de leur solidité et de la justesse de leur organisation ?

Ce n'est pas par un simple service au milieu de ses autres services que la *Banca popolare* génoise reçoit les dépôts d'épargne ; une véritable *Cassa di Risparmio* lui est annexée, ou plus exactement en fait partie intégrante de par ses statuts, des décrets royaux de 1868 et 1880 ont autorisé ensemble les deux institutions. On peut verser depuis 1 lire, sur des livrets semblables à ceux de nos caisses d'épargne. Les remboursements ont lieu à vue jusqu'à 3,000 l. L'intérêt actuellement alloué est de 4 %.

Nous ne sommes pas allés visiter la *Caisse d'épargne de Gênes* proprement dite, parce qu'un temps trop limité nous forçait de choisir, et qu'elle offre un exemple d'un type d'organisation inférieur à notre avis, la connexion absolue au Mont-de-Piété. Mais il est intéressant d'en indiquer le mécanisme, afin de nous assurer bientôt à Milan et à Bologne de la supériorité du régime d'autonomie et de liberté.

Les deux institutions liées sont sous la présidence du *sindaco*. Tout le capital dû par la

Cassa di Risparmio di Genova à ses déposants, capital qui ne dépassait pas f. 30,494,900 au 1er janvier 1889, est employé en un compte-courant unique, celui du Mont-de-Piété ; l'intérêt de ce compte avait atteint pour l'exercice écoulé f. 1,159,059. C'est là un système appliqué ailleurs en Italie, mais dont on tend à se dégager, qui est celui de l'Espagne, et avec lequel nous verrons un cas remarquable de rupture à Padoue. Utiliser les épargnes versées par le peuple à des prêts sur gages en faveur des familles populaires les plus gênées, c'est un mode d'emploi dont l'origine se comprend, dont le principe est soutenable. Mais sans même en examiner les divers côtés défectueux, notamment pour les éventualités de crises, nous trouvons faux en soi d'enchaîner une caisse d'épargne à une autre institution, et aussi de l'asservir à une catégorie unique, exclusive, de placements.

En fait, les résultats du spécimen qui est ici sous nos yeux ne sont pas pour nous faire revenir de cette appréciation. Gênes avec ses 140 ou 150,000 âmes est une ville plus peuplée et plus riche que la savante et tranquille Bologne, l'activité commerciale et industrielle bien plus vive doit y créer plus d'aisance : que sont pourtant les 25,667 livrets et les f. 948,000 de fortune propre de sa *Cassa di Risparmio* auprès des 82,000 livrets, des 6 1/2 millions de fortune, et surtout de la magnifique diffusion de bienfaits de celle de Bologne ? Il faut souhaiter (et cette tendance, croyons-nous bien, existe dans les esprits) que la Caisse de Gênes cherche une renaissance dans l'affranchissement ; et ce que nous racontera d'une séparation de ce genre, d'un retour à l'individualité, à l'indépendance, le digne président de la caisse de Padoue, le comte Capodilista, sera un témoignage décisif en ce sens.

Ce qui nous a paru infiniment plus remarquable à Gênes, c'est la marche qu'y a suivie la grande question de l'amélioration des logements ouvriers. Il vaut vraiment la peine que nous nous y arrêtions pour préciser un peu, car il s'agit d'une actualité urgente pour nos grandes villes populaires, telles que Marseille ; et de ce qui s'est passé à Gênes il y a pour nous plus d'une réflexion à induire, plus d'un enseignement pratique à tirer.

Il y a très longtemps, disons-le à l'honneur de Gênes, qu'elle a posé pour les classes les moins favorisées de sa population la question du logement à améliorer. L'histoire en est bonne à raconter : car des phases successives qu'on a parcourues là se dégagent d'utiles indications sur les points principaux de ce problème difficile. Il suffit d'exposer les faits, ils parlent d'eux-mêmes.

Dès 1836, à la suite de l'épidémie cholérique, la Ville empruntait 200,000 l., et les consacrait à bâtir rue Colombo un immeuble composé de 64 petits appartements. L'exécution répondit mal au programme; mais la Ville ne perdit rien, elle vendit l'immeuble au prix coûtant.

Le choléra de 1854 ramena les préoccupations publiques de ce côté. Un groupe de bons citoyens essaya de fonder une société au capital de 10 millions, et demanda au Municipe une garantie d'intérêt de 4 % pour 99 ans. Comprenant dès lors, la nécessité d'une intervention adjuvante, le conseil communal accorda la garantie jusqu'à concurrence de 2 millions, et en réduisant le délai à 20 ans. Mais la société ne put réussir à se constituer.

En 1861, l'ouverture de voies nouvelles déplaçait de nombreuses familles ouvrières : on songea à les loger. L'ingénieur civique Timosci proposa d'édifier à la montée St-Léonard 81 logements, en utilisant les matériaux des démolitions. M. Cetrone offrait en même temps de bâtir derrière la basilique de Carignan, avec exemption d'impôts pendant trois ans, huit immeubles qui comprendraient 588 appartements, d'une valeur totale de 1,500,000 l., moyennant une garantie d'intérêt de 5 % pour 15 ans. Après une étude où les idées générales (action directe de la commune, modes variés de concours à l'industrie privée) furent examinées, le conseil invita la *Giunta municipale* à provoquer des propositions. Trois furent présentées en 1863 : M. Scribanis se chargeait de l'exécution du projet Timosci pour 210,000 l., MM. Barabino frères pour 180,000 l., M. Gambaro pour 182,000 l. Le conseil ratifia le projet Timosci, et chargea la Junte de traiter avec l'entrepreneur qui lui paraîtrait réunir le plus de garanties, sous condition que la dépense n'excèderait pas 182,000 l. M. Gambaro fut adjudicataire.

Cependant un plan d'extension de la cité était adopté ; à ceux qui bâtiraient selon ce plan, on accordait l'exemption des droits d'octroi sur les matériaux pour dix années. Une société qui se forma en vue de ces travaux d'embellissement offrit d'édifier deux grands immeubles pour la classe pauvre : le 15 juillet 1863, le conseil accepta.

Un an après, le conseil prenait des décisions importantes : 1° transformer le monastère de St-Silvestre, propriété communale, partie en écoles, partie en habitations économiques ; 2° ouvrir une rue de Ponticello à Carignan, en construisant deux immeubles ouvriers derrière le couvent des Pères Servites ; 3° aider ceux qui s'engageraient à bâtir au profit de la classe la moins aisée, en un laps de temps déterminé, dans des conditions de plan et de quartiers à concerter avec le

Municipe, soit par la concession gratuite de terrains et d'eau, soit par l'allocation de primes de 30 l. par mètre carré couvert, le concours de la Ville ne devant pas dans l'ensemble dépasser 200,000 l.

La transformation du monastère de St-Silvestre eut lieu dès 1865; on y aménagea 57 logements, 4 magasins, 4 entrepôts; le tout représenta un capital de 158,298 l., dont le loyer atteignit 9,000 l. Les deux immeubles derrière les Servites furent construits à l'entreprise : le premier, bâti en 1865, renfermant 56 appartements et 8 magasins, revint, sol compris, à 326,618 l.; le second, achevé en 1869, renfermant 40 appartements, coûta 253,470 l. Fallait-il les louer, ou les aliéner? En principe, la Junte se rangea sagement au second parti, par la raison que les immeubles à exploiter à bail « ne « conviennent pas aux corps moraux, » et aussi « qu'il ne sied pas au régime paternel d'une « municipalité de louer des logements aux habi- « tants pauvres. » Néanmoins, le moment n'étant pas opportun pour une vente, on commença par louer : le premier immeuble rendit en moyenne 21,000 l., le second 16,000.

Enfin le Municipe employa une somme de 160,000 l. à élever sur des terrains lui appartenant au vallon de Carbonara, aujourd'hui rue Pertinace, avec les matériaux provenant des démolitions de la place Bandiera, un immeuble comprenant 24 appartements et 5 magasins. Le revenu fut environ de 8,800 l.

Tels avaient été, il y a une vingtaine d'années, les efforts des édilités génoises pour améliorer l'habitation populaire dans leur rayon d'activité. Rendons justice aux généreuses intentions dont elles s'étaient inspirées, et à des vues qui devançaient le temps : en toute évolution, il faut juger les hommes et leurs œuvres d'après l'heure où ils agirent, la relativité historique est le seul critérium exact et équitable. Mais il est impossible de méconnaître qu'on ne s'était pas engagé dans la meilleure voie. Plus tard, quand les principes d'une saine économie sociale seront mieux fixés et vulgarisés, nous entendrons la municipalité de Gênes le déclarer loyalement. Dès 1855 d'ailleurs elle avait entrevu la vérité, et surtout dans cette délibération de 1865, qui visait à éveiller l'industrie privée, à porter en ce sens les capitaux ; là devait ressortir le résultat réel de ce qu'avaient essayé, en tâtonnant, des générations successives et sincèrement animées de l'amour du bien public pour promouvoir l'idée. Nous allons assister à ce spectacle attachant dans une deuxième période de ces instructives expériences.

L'initiative privée avait dès 1855 tenté d'intervenir, et le Municipe d'alors, sentant que son devoir était de la seconder, avait promis une garantie d'intérêt sur 2 millions pour 20 ans. On se rappelle que ce premier effort ne put aboutir. Dix ans plus tard, le Conseil communal, commençant d'apercevoir les vices de la méthode suivie, n'admettant déjà plus l'action directe de la Ville qu'en vue de reventes, posait le principe de subventions en terrains, en eau, en primes à la construction libre. L'orientation véritable était marquée : en toute question c'est l'essentiel.

Des ouvriers allaient entreprendre de mettre à profit l'aide offerte par les pouvoirs locaux, et réussir là où les capitalistes de 1855 avaient échoué. En prélevant sur leurs salaires une humble somme par semaine, ils formèrent le fonds nécessaire pour se donner des foyers sains et économiques. La société prit le titre d'*Associazione mutua cooperativa per la provvista di viveri ed abitazioni*. Un règlement rédigé par le sénateur Cabella, président d'honneur, — car les travailleurs italiens savent s'aider des lumières de la sélection sociale, — détermine ingénieusement la manière dont les logements se distribuent par tirage au sort. — De ce groupement en sortit un autre, la *Societa anonima genovese per la costruzione di case per gli Operai*. — La première association avait réuni 200 ouvriers chefs de famille, qui peu à peu s'élevèrent au nombre de 400. La deuxième en compta 800.

La Ville avait acheté en 1866, pour f. 90,000, 10,300 m. c. de terrains de la villa des comtes Pessagno. Elle en céda gratuitement trois lots, deux de 600 m. c. et un de 405 m. c., à la première société, un de 800 m. c. à la seconde, un de 876 m. c. avec une prime de 12,000 l. à MM. Pertica et Rivera qui s'obligeaient à livrer en trois ans et demi un immeuble important. — En même temps, elle allouait au titre de prime 9,000 l. à la maison Bonifacini et Cie pour des constructions au vallon St-Lazare, 6,000 l. à M. Zuccarino Stefano pour des constructions rue Palestro.— Le 16 décembre 1873 et le 10 février 1874, elle faisait don aux deux sociétés de deux parcelles, de 665 m. c. chacune, rue Pertinace.

Constatant de plus en plus l'infériorité de son action sur celle des citoyens, la Ville se décida en 1875 à liquider ses constructions propres. En 1876, elle vendit tractativement ses deux immeubles de la rue Fieschi à la *Societa per la provvista di viveri ed abitazioni,* au prix de 475,735 lires. N'ayant pu en 1877 arriver à se défaire par les enchères de l'immeuble rue Pertinace à 123,810 l., ni ensuite à 105,120 l., ni en 1880 à 80,000 l., elle le céda tractativement pour ce dernier prix à M. Dolci. Simultanément, elle affectait petit à petit à des services municipaux les locaux aménagés dans le couvent de St-Silvestre.

Ainsi (et le fait est très digne de remarque) l'initiative libre avait dégagé l'administration communale d'entreprises noblement intentionnées, mais conduites à faux, tout en bénéficiant pour des entreprises plus fécondes de la voie meilleureen fin ouverte.

La *Societa per la provvista di viveri ed abitazioni* s'est plus tard dissoute, ayant réalisé son programme. Elle avait édifié sous les murs de Sainte-Claire, près le rempart del Prato, au vallon di Carbonara, quatre immeubles comprenant 133 logements et 4 magasins. Elle avait acquis les deux immeubles de la rue Fieschi avec leurs 96 logements. Elle avait transformé 229 ouvriers en propriétaires. En ces constructions et acquisitions elle n'avait pas employé moins de 1,350,000 l. — Quant à la *Societa genovese per la costruzione di case per gli Operai*, elle a bâti à ce jour treize immeubles : un sous les murs del Prato, deux à la montée de Sainte-Marie-de-la-Santé, quatre rue Pertinace, deux cours Magenta, trois cours Dogali, un rue Mentana, chacun comprenant de 35 à 40 appartements avec trois chambres, salle et cuisine. Elle en bâtit huit autres du même type au quartier de Carignan. Le capital versé par les *soci* atteint 1,960,334 l. pour ceux à qui a été déjà attribué un logement, et 727,166 l. pour ceux qui n'en ont pas encore.

Voilà ce que peut la coopération !

A côté des œuvres du *self-help* plébéien, l'aristocratie financière inscrivait les siennes. Le duc de Galliera donnait à l'Etat 20 millions pour le développement du port de Gênes, et sur ce fonds, 2 millions étaient destinés à la construction d'habitations conformes aux règles de l'hygiène. Trois groupes surgirent : un de 72 logements à San Fruttuoso, un de 80 à Lagaccio, un de 59 rue Venezia, la plupart avec trois chambres, antichambre et cuisine, quelques-uns de deux ou d'une. Une institution spéciale, fondée par acte du 20 juillet 1876, et érigée en *corps moral* par décret du 26 août 1876, gère et loue ce domaine de la philanthropie intelligente. Les règles en sont édictées par le statut organique de l'*opera pia* dite *Deferrari-Galliera*, qu'a approuvée un décret du 20 mars 1889.

Le choléra de 1884 avait réveillé, avec la volonté d'assainir les quartiers insalubres de Gênes, le désir d'améliorer les logements de cette partie de la population que les privations et le mauvais aménagement des intérieurs expose le plus aux maladies. En 1885, la Junte nomma une commission, qui proposa, indépendamment de divers travaux publics, la construction de maisons salubres dans l'ample espace voisin de la montée della Noce, dans la colline de San Martino d'Albaro, sur une étendue de 180,000 m. c. On recula devant la dépense.

Mais l'initiative privée ne s'était pas arrêtée. Le 1er janvier 1877 naissait une société nouvelle, approuvée par décret du 20 octobre 1878, et qui prit en 1883 la forme coopérative. Elle groupe 455 actionnaires, a acquis six maisons et six appartements place Paolo da Novi et rue Minerva, pour une valeur de 1,164,840 l.; elle traite l'achat de deux maisons d'une valeur de 500,000 l. Elle donne en moyenne quatre chambres, antichambre et cuisine.

La Societa anonima cooperativa per la costruzione di case in Genova, qui date du 12 janvier 1888, admet un nombre indéterminé de *soci* : il y en a actuellement 600, qui payent 120 l. par année et par action. Elle a déjà acquis trois terrains rue Minerva pour 95,000 l., et a commencé de bâtir un premier immeuble à six étages, avec 21 logements de cinq chambres en moyenne..

La *Societa anonima cooperativa per la costruzione di case economiche operaie in Genova*, constituée le 30 août 1888, est au capital de 1000 actions, sur lesquelles le versement annuel est de 72 l. Elle a acquis trois terrains le long de la grande rue parallèle à la rue della Liberta, pour 72,000 l., et va y édifier trois immeubles de 77 logements chacun; on a mis la main au premier, les appartements sont de trois chambres.

Une troisième association, qui ne remonte qu'au 15 avril 1889, libère ses actions à raison de 84 l. par an. Elle compte déjà 2000 membres.

Enfin, au cours de ces derniers mois, a surgi au sein de la *Confederazione Operaia genovese* l'idée de créer une grande coopérative capable d'élargir et d'activer encore la solution pratique du problème de l'habitation populaire, en dehors de tout élément de lucre. Une commission a élaboré un projet de statuts de la *Societa cooperativa immobiliare degli Operai confederati genovesi.* Le but, affirmé par l'art. 2, est de « construire à Gênes et dans les communes an- « nexes des maisons avec jardins, destinées « chacune à l'habitation d'une seule famille « d'ouvriers », ce qui est en effet l'idéal; par exception seulement « pourront être cons- « truites des maisons destinées à plusieurs « familles ». Le nombre des *soci* et des maisons n'est pas fixé; on se propose de construire d'abord pour 500 familles. Chaque membre ne peut posséder qu'une maison. Ne seront admis ni débits de boissons ou de vins, ni personnes sans moralité. On s'engage à payer jusqu'à 3,000 l., en versant 1 l. 50 par semaine, tant qu'on n'a pas la jouissance d'un logement; cette jouissance obtenue, le versement devient mensuel, et ne peut excéder 30 l. La société reçoit aussi les dépôts de ses adhérents. Outre les organes ordinaires, assemblée générale, conseil d'administration, directeur, syndics, *probiviri*, un comité de salubrité surveillera les habitations. Ces statuts si intéressants sont en ce moment soumis à l'examen des sociétés ouvrières.

Récapitulons. Après les essais directs de la commune, parallèlement aux entreprises de particuliers et à la fondation Galliera, nous avons vu fonctionner (avons-nous tout vu ?), dans cette ville de 150,000 âmes, six sociétés, dont cinq coopératives ouvrières très nombreuses ; une plus vaste et plus forte encore est à la veille de naître. Habitués aux indolences routinières et sceptiques de nos administrations françaises, ne sommes-nous pas en droit de conclure, devant ces résultats, que la municipalité de Gênes est désormais dispensée de s'occuper davantage d'une question si largement engagée ?

Non, la municipalité de Gênes n'a pas cru, parce qu'il avait été tant fait déjà par elle-même, par les capitaux privés, par la philanthropie, par les associations coopératives, qu'il lui fût permis de se désintéresser d'une telle question.

En 1888 elle ouvrit au budget de 1889 un crédit de 100,000 l. à titre de fonds préparatoire pour le concours de la Ville à la construction d'habitations salubres, et un second de 50,000 l. au budget de 1890.

La première somme fut employée à l'acquisition d'une superficie de 11,344 m. c., dans une situation très saine, en tête de la rue Venezia. Dès que l'achat eut été approuvé par décret du 2 juin 1889, le bureau des travaux publics étudia un projet d'utilisation de ces terrains, après avoir revu tout ce qui avait été fait jusque-là, soit localement, soit dans d'autres villes italiennes, à Rome, à Naples, à la Spezzia, à Turin, à Florence, à Milan. Le service de l'ingénieur civique élabora un plan pour l'édification de 190 logements : 50 de trois chambres, 76 de deux et 4 de une, 40 de trois, 20 de deux, avec un lavoir couvert à 75 places ; il s'attacha à y concilier toutes les données du problème, économie du coût propre à réduire le taux des loyers, solidité, moralité des intérieurs par la séparation des enfants d'après les sexes et l'indépendance des pièces, libre circulation de l'air et de la lumière, perfectionnements de la science hygiéniste moderne.

Cependant, le 31 janvier 1889, la *Societa anonima cooperativa genovese per la costruzione di case operaie* avait adressé au Municipe une requête tendant à ce qu'en conformité des décisions du conseil communal, il lui fut cédé gratuitement un terrain rue Archimède, près de la nouvelle gare orientale. Le 23 septembre 1889, une coopérative d'ouvriers maçons, la

Societa cooperativa di produzione fra i muratori di Genova, demandait un des terrains de la rue Venezia, et revenait à la charge le 18 décembre. Le 30 décembre, MM. Conti frères offraient de bâtir des logements de l'espèce, pourvu qu'on leur accordât le sol et l'exemption de l'octroi sur les matériaux. Enfin la commission chargée d'organiser la *Societa cooperativa immobiliare degli Operai confederati genovesi* déclara, par circulaire envoyée aux présidents des associations ouvrières, qu'elle comptait insister auprès du Municipe pour que les fonds inscrits au budget en vue d'aider à la construction de maisons ouvrières ne fussent pas distraits de ce but au profit de spéculateurs privés.

C'est en l'état de ces faits que la Junte, sous la présidence du *sindaco* éminent qui nous fit les honneurs de Gênes, M. le sénateur Castagnola, reprit l'examen de la question sous tous les aspects. Ses conclusions se trouvent présentées dans un rapport en date du 11 avril 1890, document d'un vif intérêt auquel nous avons emprunté bien des détails, et qui est intitulé *Proposte della Giunta municipale circa il concorso del Municipio nella costruzione di case per le classi meno agiate.*

Le premier point tranché par la Junte est un point de principe ; la Ville doit-elle adopter l'action directe ? Avec le remarquable bon sens génois, elle répond « que les administrations « publiques ne doivent pas sortir de la sphère « des services publics pour assumer des rôles « étrangers à leurs attributions naturelles, tel « que serait celui de construire des maisons et « de les exploiter ; que ce n'est point d'ailleurs « le cas de promouvoir l'initiative privée, puis- « qu'elle agit ; qu'enfin l'expérience des édilités « antérieures n'est pas pour recommander le « système direct ; qu'en conséquence l'inter- « vention municipale doit se limiter à imprimer « une impulsion plus active au mouvement. »

La Junte recherche en second lieu les meilleurs modes d'intervention pour aider, pour favoriser. Elle en aperçoit trois : cession gratuite de terrains, allocation de primes en argent contre engagement de bâtir, exonération de l'octroi sur les matériaux de construction. Tout pesé, elle donne la préférence, surtout dans une vue d'égalité, à la méthode que voici : aliéner aux enchères publiques les terrains communaux qui ont reçu cette affectation, et consacrer le produit des ventes à l'allocation de primes en numéraire.

Reste à s'assurer que l'exécution répondra aux intentions de la Ville. Il y a pour cela deux moyens : des combinaisons administratives garantissant que les immeubles seront réellement à l'usage de la classe la moins aisée, et des dispositions techniques telles qu'une transformation en habitations riches soit sinon irréalisable, au moins très difficile. La Junte écarte le premier moyen, parce que le contrôle communal serait insupportable à l'industrie privée (quel clairvoyant libéralisme d'idées !), et dispendieux pour la Ville. Elle adopte le second : les types, les distributions internes, la distance du centre, tout prémunit contre le risque de dénaturation, et au surplus il résulte des faits locaux antérieurs que les immeubles de cette nature ont toujours conservé leur destination primitive.

Enfin elle institue des conditions de faveur pour les associations coopératives qui ont ou auront pour objet ces sortes de constructions.

En résumé elle propose d'allouer une prime de 40 l. par mètre carré couvert.

D'après les prix des terrains à vendre, répartis en quatre catégories, de 15, 12, 10 et 8 l., elle évalue à 131,200 l. le total des primes à payer aux constructeurs. Le produit probable des ventes s'élevant à 35,850 l., sauf les aléas favorables des adjudications, cette somme s'ajoutera au crédit de 50,000 l. voté pour 1890 ; le solde sera supporté par l'exercice 1891, les travaux ne devant pas être terminés avant 1892.

Par ces nouveaux efforts, la Junte ne se flatte pas de résoudre la question, ce qui prouve son bon sens ; elle espère seulement contribuer à avancer la solution. Elle exprime sa confiance, ses sympathies pour la société qu'élabore la *Confederazione Operaia genovese,* et la satisfaction qu'elle éprouvera à la seconder.

L'ensemble de ces propositions est venu en discussion devant le Conseil communal le 23 mai 1890. Quelques membres ont essayé de revenir au système de concessions temporaires de terrains, avec primes, la propriété restant à la Ville: leur motion a été rejetée. On a repoussé de même une idée fréquemment émise dans les assemblées délibérantes où l'on ne sait pas toujours se défendre de chercher la popularité facile, et qui consiste à imposer d'avance en échange d'un concours l'extrême abaissement des loyers. Les propositions de la Junte ont été votées, sous cette seule modification que la vente pourra être faite par la Junte soit aux enchères, soit tractativement, tous pouvoirs lui étant conférés pour mener l'affaire à bien.

Tel est le dernier état de la question à Gênes. Si nous avons tenu à l'exposer en détail, c'est qu'il présente deux points dignes d'attention :

la lucide et sage détermination des vrais principes économiques en la matière ;

une méthode neuve et ingénieuse d'intervention, applicable dans nos villes françaises, à Marseille par exemple où la commune possède au quartier St-Lazare des terrains dont elle a résolu la vente. Il y a, à ce point de vue, identité de situation, avec ces circonstances plus décisives encore que là serait la meilleure chance de hâter le remplacement des bouges dont ces terrains sont infectés, et que l'assainissement urbain doit débuter par les zones les plus malsaines.

Qu'elle préfère les primes, ou la cession gratuite de terrain, ou la garantie d'intérêt qui depuis 23 ans n'a pas coûté un centime à Lille, la municipalité de Marseille se doit de porter son effort aussi sur cette branche de l'œuvre d'assainissement, l'amélioration des logements du peuple, en particulier par le développement de constructions nouvelles. Il faut le concours des pouvoirs publics, pour user du mot du Municipe génois, afin de donner confiance aux capitaux privés, auxquels le but philanthropique d'entreprises de ce genre fait douter de la rémunération légitime, et afin de permettre d'atteindre plus vite le bon marché susceptible d'amener une population ouvrière assez routinière à préférer à ses logis défectueux des foyers meilleurs. Etendre l'action de la *Société des Habitations salubres* existante, en susciter d'autres dans l'avenir, l'édilité marseillaise doit s'assigner ce double objectif.

Nous quittons Gênes après y avoir vu, outre le faisceau coopératif de son faubourg industriel

Sampierdarena, une importante banque populaire, des entreprises multipliées de logements salubres, cinq coopératives puissantes dans cet ordre de faits et une sixième près de surgir. Or, Gênes n'a que 150,000 âmes : Marseille en compte 400,000. Il est vrai que Marseille n'a pas de Galliera ; mais les milliers d'ouvriers coopérateurs de Sampierdarena et de Gênes ne sont pas des Galliera; qu'est-ce qui empêche Marseille d'en avoir autant, et proportions observées, deux ou trois fois autant ?

IV

Milan.

Nous arrivons le soir de Gênes dans la vaste gare de Milan. Je connaissais la splendide ville, son Duomo, ses larges voies, sa galerie Victor-Emmanuel de 50 m. de hauteur et qui a coûté 27 millions, ses palais, ses jardins publics, ses monuments à Cavour, à Manzoni, à Beccaria, à Léonard de Vinci, ses 86 églises catholiques, ses bibliothèques Nationale et Ambroisienne, ses 7 ou 8 musées, ses 10 ou 12 théâtres. Je savais la croissance constante de sa population : de 300,000 âmes il n'y a pas longtemps, de 373,000 en 1888, la voici arrivée à 400,000 (exactement

399,081 au 1er janvier 1890), par où elle a au moins une analogie avec Marseille. Mais j'ignorais sa richesse comme centre de progrès sociaux et d'institutions économiques. Sur le quai de la station, les chefs de ce puissant mouvement ont bien voulu venir nous attendre : le vénérable apôtre de la coopération Francesco Vigano, le Dr Fabris pour la *Cassa di Risparmio,* MM. Dugnani et Silvestri pour la *Banca popolare,* M. Giaccobé pour la *Societa edificatrice di Abitazioni operaie,* M. Ponti du *Ristorante Cooperativo*, d'autres encore, tous empressés à nous faire accueil avec cette bonne grâce intelligente qui est le charme de l'hospitalité italienne.

Le lendemain matin nos aimables guides nous conduisent d'abord au *Consolato Operaio Milanese.* Sur le seuil, où le drapeau tricolore flotte enlacé à celui de l'Italie, nous sommes reçus par trois des consuls ouvriers, MM. Bianchi, Corona, et Montalbetti.

Sous ces deux mots, *Consulat ouvrier*, qui lient un sonore nom antique au terme le plus grave du monde nouveau, fleurit une institution qui date de 1860, et est destinée à servir de centre aux sociétés ouvrières locales sans leur ôter leur autonomie, afin de leur donner une certaine unité de pensée et d'action. Son programme est précis : améliorer celles qui existent, en susciter de nouvelles, les rapprocher des similaires dans le pays ou à l'étranger, étudier les questions qui intéressent la classe laborieuse, provoquer des congrès régionaux ou nationaux, répandre l'instruction, mais aussi l'éducation morale, donner à l'ouvrier la connaissance de ses devoirs comme de ses droits, publier un journal quand on en aura les moyens, fonder des magasins coopératifs et des caisses mutuelles de prêts, promouvoir des expositions, contribuer aux progrès du travail et de l'industrie, rendre plus faciles les relations entre ouvriers et capitalistes en poussant aux arbitrages, élaborer des statistiques régulières sur l'état matériel et moral des associations.

Fédérées sur ces principes, 45 sociétés de secours mutuels (30 autres ne le sont pas) participent actuellement au Consulat. Chacune y est représentée par 3 délégués, qui doivent être véritablement des ouvriers. Les délégués élisent chaque année 7 consuls, avec 7 censeurs, 2 secrétaires, 1 caissier, 1 comptable, 1 bibliothécaire. Toutes les charges sont gratuites. On s'assemble au moins une fois par semaine. L'étendard du Consulat représente le faisceau des sociétés unies, et ne peut sortir dans Milan qu'accompagné de 2 consuls. Tous les cinq ans, on célèbre une Fête du travail.

Le Consulat joue surtout le rôle de promoteur, il prend les initiatives de bien collectif.

Il a organisé, pour la lecture gratuite de tous les membres des associations qui lui sont affiliées, une bibliothèque ouverte et circulante.

Il fonda il y a quatorze ans une Ecole pour adultes, qui grandit peu à peu, grâce aux hommes dévoués qui s'offrirent pour enseigner sans rétribution, au Municipe qui fournit un local, aux philanthropes qui élargirent les ressources. D'autres écoles sont sorties de là : le Consulat en a maintenant cinq, établies dans divers quartiers, dirigées par 36 maîtres, et fréquentées par plus de 1200 élèves. L'enseignement s'y divise en élémentaire (lecture, écriture, italien, arithmétique, notions d'histoire et géographie), complémentaire (comptabilité, histoire, géographie, notions de sciences physiques, chimiques et naturelles, de droit civil, d'hygiène, français, *acquisto di bell' ornamento)*, et technique (dessin, géométrie, dessin de machines, dessin d'architecture pour travaux en fer et en bois). On distribue principalement en prix des livrets d'épargne. L'ensemble a compté en 1888-89 776 élèves du sexe masculin et 516 femmes, avec une moyenne de 60 % comme fréquentation assidue. On y rencontre l'homme de 40 ou 50 ans à côté de l'enfant de 12 ou de l'adolescent de 15. Les bases, très perspicacement posées, sont moins l'autorité, la discipline, le grave formalisme des examens, que le conseil, les sentiments fraternels, la méthode d'entretiens familiers, l'impulsion suggestive de la réflexion et de la lecture. Le Consulat espère fortifier encore son œuvre, s'élever à ce qu'il appelle « une vraie « et complète école populaire ouvrière. »

Son autre fondation directe, et très intéressante, est une banque purement ouvrière. On nous y mène après que nous avons parcouru les locaux du Consulat, admiré la belle salle des assemblées générales et des conférences, visité les bureaux de quelques-unes des sociétés, *Archimède,* des chapeliers, etc., et que la bienvenue nous a été offerte en un lunch cordial.

C'est rue Cappellari qu'est installée la *Banca cooperativa Operaia di Milano, con Cassa di risparmio.* Elle a en outre une succursale rue Crocefisso. Elle a six ans d'existence. C'est une coopérative de crédit, à capital illimité, en actions de 20 l. seulement, et à laquelle est annexée une Caisse d'épargne. La Caisse d'épargne reçoit les dépôts d'épargne proprement dits, leur alloue 4 % d'intérêt, et rembourse à vue jusqu'à 100 l., au delà avec préavis. La Banque sert 3 % aux dépôts en compte-courant, avec faculté de disposer à vue jusqu'à 1,000 l. Elle émet des bons à échéance fixe et à intérêt proportionné. Elle prend le papier de ses *soci,* leur escompte les warrants et les mémoires de travail ou factures acceptées. Elle fait l'encaissement sur toutes les places, garde les valeurs, a un service de caisse gratuit pour ses adhérents et pour les sociétés de mutualité ou de coopération. Elle consent des prêts sur garantie, et aussi des prêts sur l'honneur (original et noble rouage de la coopération italienne), qui se remboursent un quart au bout de six mois et le surplus par quarts trimestriels. Ce dernier chapitre a laissé tout au plus 1 % de perte depuis l'origine. — D'après le rapport à l'assemblée générale du 2 mars 1890, le mouvement de caisse avait été en 1889 de 5,259,566 l. ; l'escompte avait porté sur 6,129 effets (pour 872,119 l.), dont 4,646 n'allaient qu'à 200 l., et 159 à peine dépassaient 600 l. ; les prêts d'honneur avaient compris 1,455 opérations, dont 655 inférieures à 50 l., 595 entre 50 et 100 l., 25 seulement au-dessus de 500 l. Le bénéfice net n'était encore que de 3,299 l. Au 31 mars 1890, nous avons trouvé le capital à 174,620 l., et la réserve à 20,961 l., ce qui correspond à une proportion assez forte du capital ; les *soci* étaient au nombre de 2,625, titulaires de 8,731 actions. J'ai remarqué dans le compte-rendu de l'assemblée un vote de gratitude pour l'énergique concours de la grande Banque populaire de Milan, de la succursale du *Banco di Napoli*, et de la Caisse d'épargne : trait constant à noter. Tous les services, que nous montre le directeur, M. A. Faré, paraissent fort bien tenus dans cette banque d'ouvriers.

Le Consulat veut fonder une Chambre ou Bourse du travail, *Borsa o Camera del lavoro*. Le comité d'études et de propagande en expose dans un récent opuscule le but, les bienfaits, le mode de fonctionnement. Organiser des informations sur les conditions du marché pour le travail, mettre en rapport l'offre et la demande, procurer de la publicité aux inoccupés, aider au développement de la coopération sous toutes ses formes, étendre l'instruction professionnelle, tels sont les objectifs essentiels. La Chambre aura un office général, divisé en autant de sections qu'il y a de groupements professionnels dans Milan : un comité électif dirigera, et ses membres toucheront une indemnité de présence. Le Municipe fournirait un local et une subvention. Les promoteurs insistent sur les similitudes de ces organisations avec les chambres de commerce.

Si cette nouvelle création aboutit, ce qui est probable malgré certaines résistances, jouera-t-elle un rôle aussi utile que ses aînées ? Oui, si elle s'enferme strictement dans son cadre ; non, si elle en sortait pour politiquer. L'esprit pratique des travailleurs italiens fait espérer le premier résultat. Ce qui me frappe dans le Consulat milanais, c'est surtout peut-être son programme, qu'il a déclaré « intangible ». Le mot *devoirs* y est inscrit avant celui de *droits*, devoirs « envers soi, la *famille*, la patrie » ; la loi morale y est invoquée avec la liberté et la justice ; on n'y veut pour émanciper l'ouvrier qu'obtenir une législation libérale, légaliser ses droits, le faire participer aux bénéfices de son effort, l'élever à la propriété. La différence est profonde avec certains cahiers de notre monde ouvrier, dans lequel le sens de l'évolution économique a été troublé par les politiciens stériles. J'ai par exemple sous les yeux, tandis que j'écris ces lignes, un document récent, qui émane cependant d'un milieu de coopérateurs : le sentiment est celui de l'antagonisme, de la colère contre des abus intolérables ; la suppression du salariat est prophétisée, avec celle du paupérisme ; l'égoïsme des privilégiés est dénoncé avec passion ; on déclare expressément que « l'amélioration « tion sociale est un mythe », etc. Il en est trop souvent de même chez nous. Le langage des ouvriers italiens est plus sensé, et a été plus fécond.

Mais une institution plus considérable, la principale de celles dont la population milanaise lui est redevable, est issue (comme les intitulés de tous ses documents le rappellent avec fidélité) de ce Consulat Ouvrier qui a su préférer l'effort fécond à l'agitation politique ou aux chimères antisociales, agir au lieu de pérorer dans le vide, créer au lieu de saper. C'est une grande coopérative de construction, la *Societa edificatrice di Abitazioni operaie in Milano.* De la banque ouvrière nous nous rendons au premier groupe bâti par cette société, rue Conservatorio. Au seuil des maisons, aux barrières des jardinets, les familles occupantes nous attendent ; de petits drapeaux français et italiens flottent aux fenêtres. Nous demandons où demeure M. Maffi, le second député ouvrier de la Chambre (avec M. Armirotti notre hôte de Sampierdarena), et qui représente un des collèges de Milan. Il n'est pas à Rome en ce moment, et le voici qui vient à notre rencontre, voulant bien nous montrer sa maison, comme il y reçut M. Léon Say, car il était déjà installé ici en 1883.

A Milan, le pouvoir municipal n'a pas été comme à Gênes le promoteur d'habitations salubres et économiques pour le peuple laborieux. Ce que nous allons voir est le fruit de l'initiative privée, et de l'initiative d'ouvriers, serrés autour du Consulat, aidés par des fils de la bourgeoisie intelligente. La Ville a secondé par des mesures accessoires, comme l'établissement gratuit de l'éclairage au gaz dans les voies. L'Etat a cédé à un prix de faveur, très au-dessous de la valeur vénale réelle, des terrains qui appartenaient au Domaine. La Caisse d'épargne de

Milan, auxiliatrice de tout mouvement utile, a souscrit des actions, et en a ensuite fait abandon à la société. Tout le reste est l'œuvre de cette force, la coopération.

Rien ne peut mieux donner une idée de ce qu'a été l'entreprise, des difficultés traversées, de la marche parcourue, qu'un extrait d'un rapport présenté par l'un des *leaders* les plus dévoués, M. Ch. Romussi, avocat, à l'assemblée générale du 18 mars 1887. Sous ce titre *Dix ans de travail*, ce rapport conte un récit si curieux et instructif, que nous avons tenu à le traduire :

Par une soirée d'hiver, quelques ouvriers assis autour du feu conversaient. — « Mon loyer, disait l'un, me « coûte le quart de ma journée. — Et moi, qui ai six « enfants, ajoutait l'autre, les trois pièces que j'occupe « m'ôtent le tiers de ce que je gagne. » — Ces doléances, qui étaient unanimes, amenèrent à la conclusion suivante : « l'argent que nous payons ainsi représente « un capital qui, massé, suffirait à acheter non une « maison, mais plusieurs. Voyons, calculons »... Chacun posait, faisait et refaisait des chiffres. Il en sortit un devis très approximatif, et on résolut de le soumettre au Consulat. Ainsi fut fait, et par un beau matin de printemps, notre projet était présenté à la réunion. C'était en 1877. Dix années se sont écoulées. Notre programme, tout le monde le trouvait alors admirable, mais personne ne le croyait possible. Que de plans et de contre-plans ! C'était tout notre trésor. Nous aurions pu nous comparer à la petite paysanne qui s'en allait au marché avec un panier d'œufs... Qui l'eût dit ?

Nous n'avons pas cassé les œufs, et nous sommes millionnaires.

L'un de nous, voyant le peu de confiance qu'inspirait l'idée, prit l'initiative d'un pèlerinage auprès des sociétés de secours mutuels. Le soir, à trois ou quatre, nous nous adressions à l'une ou à l'autre, cherchant par la persuasion et avec une insistance extraordinaire des adeptes. Cet apostolat nous prit un an. Peu à peu des convictions se formèrent, et un règlement fut élaboré par notre excellent ami le prof. Vigano. Les incrédules nous jetaient à la face : « que voulez-vous faire sans « argent ?» Argument indiscutable. Cinq des promoteurs répondirent : « eh bien ! nous avons ce qu'il nous « faut.» Le règlement fixait une cotisation primitive de 5 l. Les premières furent versées : total 25 l., qui constitua le capital inscrit sur les livres de la *Banque populaire* sous la rubrique fastueuse *Fonds pour la société de construction des Habitations ouvrières à Milan*. D'autres nous imitèrent : dans le courant de l'année nous avions recueilli 4,000 l.

Alors nous commençâmes à bâtir la première maison. Les promoteurs voulaient un immeuble assez vaste pour donner hospitalité non seulement au Consulat et aux principales sociétés de secours mutuels, mais aussi pour pouvoir louer à bon marché aux sociétaires actionnaires. On trouva une maison rue Pesce, 37 ; mais elle coûtait 77,800 l., et la somme dont nous disposions ne dépassait pas 2,300 l. Pourtant il fallait avoir l'immeuble à tout prix : les faits, en des cas pareils, ont seuls le pouvoir de convaincre. On l'acheta, et notre espoir était juste, puisque l'argent ne nous a pas fait défaut depuis. Ce petit triomphe, surtout au point de vue moral, produisit un effet extraordinaire. Le Consulat, jusque-là considéré comme en dehors de la légalité, y gagna, ayant donné impulsion à l'affaire, et avec succès, le crédit dont il avait besoin. Que d'œuvres utiles au progrès ont été conçues et menées à bien dans les salles obscures, humides de cette maison de la rue Pesce !...

Quand elle fut trop insuffisante, on la vendit, et elle fut remplacée par l'immeuble rue Crocefisso, 15-17, que nous occupons actuellement. Mais nos aspirations allaient plus loin... 1,300 m. c. de terrain étaient en vente rue Conservatorio, 6, pour 15,000 l.; il parut opportun de ne pas laisser échapper l'occasion, afin d'y élever de petites maisons, et de les louer à l'ouvrier qui pourrait en devenir propriétaire par un petit amortissement joint au loyer. L'acquisition fut faite; nous nous obligions à payer. L'argent manquait; les sociétés de secours mutuels mettaient à notre service le peu qu'elles pouvaient. Les 20 premières maisons furent bâties. Elles sont nichées il est vrai au milieu de jardins de quelques mètres à peine, mais elles font les délices des vingt familles qui les habitent.

La *Banque populaire* était intervenue par un prêt de 55,000 l. à faible intérêt. N'est-ce pas que ce récit est attachant comme un roman, avec en plus l'attrait des choses vraies ? Entrons dans ces maisons de la première période, et nous reprendrons ensuite, en allant aux groupes ultérieurement créés, la suite de l'histoire de cette coopérative aujourd'hui si vaste, que nous venons de voir naître, avec les 25 francs de cinq amis.

Rue Conservatorio, où nous voici, le type choisi par la *Societa edificatrice di Abitazioni operaie* n'est ni le grand immeuble à étages loués, ni le *cottage* anglais qui coûte cher et dont l'isolement est peu propice aux tendances de sociabilité de cette population. Nous avons sous les yeux de petites maisons pour une seule famille, indépendantes, mais par groupes, avec des cours communes où est le lavoir, et chacune ayant son jardinet, « le jardin professeur de « morale » selon le mot de Jules Simon, et au moins ami de l'ouvrier qui rentre las. Une vingtaine de familles, comprenant 86 personnes environ, vivent là dans la concorde ; on m'affirme, sur place, que les voisinages n'ont jamais révélé d'inconvénient. Parmi ces habitations, les unes ont 4 chambres, le prix en est de 5,200 l. ; les autres ont 2 chambres, le prix en est de 2,600 l. L'acquéreur de la maison à 4 chambres paie pendant 25 ans de 305 à 320 l. suivant la surface, celui de la maison à 2 chambres 150 à 160 l. Les plus petites ont été les plus recherchées. Un certain goût artistique propre à la race s'accuse dans l'aspect général, dans les jardins amoureusement soignés, où je vois de la verdure, des fleurs, un rudiment de jet d'eau.

Le député Antonio Maffi, qui a l'obligeance de nous introduire dans son *home*, est un fondeur de caractères typographiques, qui s'est élevé par l'étude et l'énergie du vouloir. Il s'est fait une excellente situation à la Chambre; en dehors des questions sociales dont il s'occupe surtout, il a été commissaire de diverses lois, celle sur les conventions de chemins de fer par exemple, et même rapporteur de celle sur les pensions des ouvriers dépendant du ministère de la guerre. A Milan il fut un des premiers administrateurs de la Banque ouvrière, directeur des cours d'adultes du Consulat, président de trois congrès coopératifs, président d'une coopérative de production, la *Fonderia tipografica cooperativa*. C'est surtout la coopération qui a fait l'objet de ses recherches et de ses efforts pratiques. C'est un homme d'une quarantaine d'années, de très petite taille, aux yeux intelligents, courtois et doux de manières. Il se rattache au parti républicain ; mais, comme il nous le déclare lui-même, il n'est pas socialiste, car il est coopérateur. Les socialistes sont peu nombreux et peu puissants dans ce centre milanais, si populeux pourtant, mais où l'idée coopérative a tant de fidèles. Les sentiments de famille de M. Maffi sont visibles au plaisir avec lequel il nous présente tous les siens, jusqu'à son plus jeune enfant qu'il porte tendrement entre ses bras, et à la satisfaction qu'il goûte à nous faire parcourir son modeste, mais confortable intérieur.

Le groupe de la rue Conservatorio, qui représentait une valeur de 90,000 l., n'était qu'un début. En transférant son siège de la rue Pesce dans l'immeuble acquis rue Crocefisso, la société y avait logé le Consulat, des mutualités, la Banque ouvrière, la Fédération des coopératives. On avait bâti rue Campo-Lodigiano une maison destinée non plus à être vendue par amortissement, mais à être prise à bail par des sociétaires. A ce moment, en 1883, grâce aux démarches combinées de MM. Baccarini et Luzzatti, on obtint de l'Etat la vente, sanctionnée par le Parlement, à un prix de faveur, 270,000 l., de 100,000 m. c., à la Porta Vittoria ; 30 ans étaient accordés pour le paiement par annuités de 9,000 l., avec intérêt à 5 %. On conçut le projet d'élever là un *Quartier Modèle*. J'admire beaucoup pour ma part la méthode des études faites à cette occasion en 1884 : une commission, présidée par MM. Pavesi et Romussi, et où l'on avait appelé le sénateur comte Aldo Annoni, président de la Caisse d'épargne, M. A. Faré, directeur de la Banque ouvrière, des ingénieurs, traça un programme ; des sous-commissions technique, d'hygiène, juridico-économique, donnèrent leurs conclusions ; un *plan régulateur* assigna 40,000 m. c. aux rues, places et squares, 35,000 m. c. à des maisons variées pour la vente, 15,000 m. c. à des maisons de location à trois étages, 10,000 m. c. à des bâtiments d'utilité collective (écoles, bains et lavoir, magasins coopératifs). Le quartier devait comprendre en tout 338 maisons, pouvant recevoir 3,500 personnes.

Des difficultés latérales vinrent à la traverse d'un accomplissement intégral de ce magnifique projet. J'aime à reprendre ici ma traduction du récit de M. Romussi, car la lutte contre les obstacles, la patience à se garder du découragement, ne sont pas les moins intéressants épisodes de toute entreprise d'initiateurs :

Ce n'est pas notre faute si cette grandiose conception ne put se réaliser complètement. La société comptait sur la suppression du cimetière ; décidée par la Ville, cette mesure demeurait lettre morte. Une surface de 50,000 m. c. en dépendait, et d'après la loi on ne peut bâtir sur les terrains de cette nature qu'après dix ans depuis la suppression. Nous avions payé l'Etat par un emprunt à la Banque populaire, n'ayant pas d'argent de reste alors. Les intérêts du prêt, les impôts grevant ces parcelles improductives, majoraient la valeur de ces terrains, qui en 15 ou 20 ans, nous seraient revenus à un prix fabuleux.

Nous vînmes devant vous, la mort dans l'âme, car nous voyions s'évanouir ce rêve caressé avec passion d'une sorte de cité idéale ; mais il le fallait. Sans hésiter nous vous proposâmes un sacrifice. La Bible nous apprend qu'on doit couper et brûler l'arbre qui ne porte pas de fruits ; nous suivîmes son précepte avec hypocrisie, comprenant que c'était un moyen de sauver le reste, et en effet les cendres de l'arbre brûlé ont rendu les autres fertiles. En aliénant contre espèces une fraction de notre domaine, nous éteignions une partie de l'emprunt à la Banque populaire, et nous nous procurions des fonds pour commencer de bâtir sur le sol disponible. Nous vendîmes donc 10,600 m. c. à MM. Bareggi et Cie pour 182,389 l., 6,000 m. c. à M. Porta, 4,800 m. c. à M. Ed. Sonzogno, 12,400 m. c. à MM. Silva, 1,000 à la coopérative Abraham Lincoln, 1,000 à la coopérative Archimède, en tout 42,000 m. c., qui nous produisirent 335,000 l.

Nous nous doutons bien que le spirituel narrateur exagère un peu le caractère douloureux de ces holocaustes. La société n'était pas si à plaindre : grâce au concours libéral et habile de l'Etat, elle revendait 335,000 l. une part des terrains qu'elle avait achetés 270,000 l., et conservait plus de la moitié. Aussi allait-elle mettre la main avec un redoublement d'ardeur aux constructions nouvelles, modifiant sans l'abandonner le projet de quartier-modèle, et c'est là que de la rue Conservatorio nous allons, c'est là qu'un tableau plus riant encore nous attend.

Si le programme rêvé d'abord était plus ample et plus séduisant, ce qui en a été réalisé hors la Porta Vittoria reste une belle chose. Deux voies étroites ont été élargies, la rue Marcona à 15 m., la rue Sottocornola à 12 ; quatre artères nouvelles ont été ouvertes, les rues Archimède, Benvenuto Cellini, Benjamin Franklin, Abraham Lincoln. — Rue Sottocornola, nous trouvons une file de maisons à un étage, qu'une même toiture recouvre, mais distinctes par des peintures variées ; chacune a son entrée indépendante, et autant de croisées que de pièces. Au fond, un grand immeuble de location, pour ceux qui ne peuvent atteindre à la propriété, comprend 128 logements, les uns de plusieurs pièces, les autres d'une seule. Ce n'est pas dans le détail ce que réclament les ouvriers de nos grandes villes, à Marseille par exemple, et pourtant je note des loyers de 85 l. pour une pièce, de 250 l. pour plusieurs ; mais la ventilation est bonne, les règles essentielles d'hygiène sont observées, et il paraît que le progrès est énorme sur l'état antérieur. — Tout à fait agréable, harmonieux, caractéristique est l'ensemble formé par les rues Lincoln, Archimède, Cellini, Franklin, qui se coordonnera au plan de l'arrondissement extérieur de Milan. Les rues larges sont bordées de jardins plus spacieux que ceux de la rue Conservatorio, et qui entourent 83 petites maisons bien exposées.

J'entre dans ces maisons, où l'air, la lumière, ce matin un gai soleil jouent à flots. Elles ont été bâties par groupes ; le troisième est l'œuvre de coopératives de production ; le quatrième sera bientôt fini. En voici une de 2 chambres, pour mari et femme sans enfants ; le prix est de 5,786 l., l'annuité de 190 l. pendant 25 ans. Cette autre a 4 chambres et 5 occupants, avec jardin de 29

m. c. ; l'annuité est de 390 l. Celle-ci a 6 chambres, avec jardin de 74 m. c. 50 ; le prix est de 8,264 l., l'annuité de 557 l. ; c'est un instituteur qui y loge. Les pièces sont partout presque vastes : c'est une habitude indigène, qu'a servie le coût si bas du terrain. Il y a naturellement des imperfections, qu'amènent les nécessités du bon marché ou l'emplacement, ici un water-closet mal casé, là la cuisine dans la cave. Ce n'en sont pas moins de charmantes habitations. Visiblement le sens et le désir de l'accession à la propriété sont plus répandus ici qu'à Marseille, grâce à l'éducation coopérative, à la modestie et à la simplicité des goûts. On n'a pas opposé à des efforts si difficiles tantôt l'indifférence routinière, tantôt les exigences contradictoires qui voudraient du confortable à vil prix ; on se contente du possible, du raisonnable, pour l'inestimable bien d'avoir son chez-soi. On me montre, fièrement relié avec élégance, un des contrats de vente, passé le 27 février 1887 devant notaire, et qui contient cession de lots à 24 *soci*, un *facchino*, un typographe, un surveillant municipal, un garde de chemin de fer, un garde de nuit, puis des employés, qui plus relevés d'un degré sont faiblement rétribués, souvent moins que l'ouvrier...

Avec les quatre groupes de la Porta Vittoria, les 20 maisons de la rue Conservatorio, les deux immeubles de la rue Crocefisso et celui de la rue Campo-Lodigiano, la grande maison à locataires de la rue Sottocornola, les terrains restants, la société a plus de 770,000 l. d'immeubles, et elle a bâti 500 logements pour 200 familles. D'après le compte-rendu à la dernière assemblée générale, celle du 23 mars 1890, le capital social était fin 1889 de 188,750 l., et la réserve de 25,834 l., outre un fonds inaliénable de 15,764 l. et un fonds extraordinaire de 181,026 l., constitué par le gain sur les reventes de la Porta Vittoria. Les emprunts ne sont plus que de 317,453 l.; l'actif net se dégage à 428,737 l. Les bénéfices, qui en 1886 ne dépassaient pas 4,451 l., ont monté en 1889 à 17,361 l.; on a distribué 3 l. par action de 50 l. Or à un certain moment de l'existence sociale, quoi qu'on eût déjà pour plus de 500,000 lires en immeubles, on n'aurait pu payer un dividende sans le bon vouloir de deux actionnaires qui firent l'avance. On est allé vite, on a visé aux résultats plutôt qu'au lucre. M. Romussi a pu résumer ainsi son rapport au nom du conseil d'administration cette année : « nous avons commencé avec 25 francs, nous avons près de « 800,000 f. d'immeubles. »

La *Societa edificatrice di Abitazioni operaie in Milano* a été récompensée d'une médaille d'or par le jury de notre Exposition d'économie sociale en 1889. Elle en était assurément digne.

Outre son action principale et directe, elle a eu d'autres effets bienfaisants : elle a poussé à la coopération de production, encouragé par du travail et en les logeant deux catégories d'ouvriers, Forgerons et Menuisiers, à se constituer ainsi, donné l'hospitalité au premier congrès coopératif italien. Elle a développé dans la population ouvrière milanaise les sentiments de famille, de moralité, d'épargne, de prévoyance. Qu'on lise cette conclusion de M. Romussi dans son rapport de 1887 :

Notre idée de la propriété d'une maison ne vise pas la simple question d'un intérêt matériel, elle est plus complexe et plus haute, elle aspire à quelque chose de plus généreux et de plus intime. Tous tant que nous sommes, nous avons aimé, plus ou moins joui, souffert. Nous chérissons toujours l'endroit témoin de nos affections, la chambre où nous avons entendu le premier vagissement d'un enfant et où nous avons recueilli le dernier soupir d'un être aimé, les murs qui rappellent notre enfance, nos liens, nos rêves, nos travaux, nos douleurs, nos souvenirs, tout ce qui se rattache à une existence. L'achat d'une humble maison n'a pas pour seul but une propriété matérielle, mais le besoin de conserver ces témoignages d'une vie, et la religion de la famille en dehors de laquelle il n'est pas de consolation sincère et profonde.

Belles et fortes paroles, qui sont de tous les pays. L'association milanaise est un remarquable exemple de ce dont est capable l'initiative ouvrière, de ce que peuvent les plus petits par la volonté. Songez qu'en 1886 la moyenne des salaires locaux n'allait guère au delà de 2 fr. ! — Mais, diront nos eunuques des utopies antisociales, la société a été soutenue par l'Etat, secondée par la bourgeoisie philanthrope. C'est ainsi que je lisais hier, dans un mémoire présenté au Congrès international des coopératives de consommation à Paris en septembre 1889, et d'ailleurs intéressant, cette affirmation que « le « problème de la coopération pour construire des « habitations salubres et économiques par les « seules forces ouvrières était en France inso- « luble. » Allons donc ! Oui, l'Etat céda à l'association milanaise des terrains à un prix de faveur ; est-ce à ceux qui rêvent de l'Etat-providence et omniarque à récuser une intervention aussi modérée et légitime ? La *Casse di Risparmio* souscrivit des actions pour 80,000 l., et les donna ensuite à la société, pour les dividendes en être affectés à secourir les locataires exceptionnellement gênés ou à primer les plus laborieux, les plus ponctuels. Des hommes distingués, R. Pavesi, mort naguère, M. Romussi, M. Arrigoni, M. Mazzocchi, ont prêté le concours de leur instruction et de leur dévouement. Mais n'est-ce pas l'harmonie même des lois naturelles, cet appui de ceux que la naissance ou la culture intellectuelle a placés à un échelon supérieur, surtout quand ils obéissent à des mobiles désintéressés?

Rendons-leur au contraire hommage, même de loin et de l'étranger, car ils servent une cause universelle, ces collaborateurs des humbles. Rien de trop absolu n'est vrai en ce monde : ce n'est pas seulement entre travailleurs manuels que l'aide mutuelle est bonne. Avec un bon sens très avisé, les ouvriers de Milan ont compris que là était la vérité, et non dans l'antagonisme où des vies s'usent sans fruit. Aussi quelles traces de santé morale dans les documents de la *Societa edificatrice*, au lieu de haine ou d'envie stériles! Que d'ingéniosité dépensée, et que de sympathie humaine vibrante! Un mot résume son histoire, que j'ai tenu à raconter. C'est la devise qui termine un rapport de M. Mazzocchi en 1887 : « *Solidarieta nel lavoro, nel dovere* », Solidarité dans le Travail et dans le Devoir.

Des œuvres de la coopération entre ouvriers nos hôtes milanais allaient nous faire passer, par une gradation où le côté en quelque sorte esthétique et d'art me frappait autant que la justesse sociale, à celles d'un degré supérieur, aux œuvres de la coopération entre employés. Nous étions invités à un déjeuner au *Caffè Ristorante cooperativo*, rue Silvio Pellico. Fidèle au plan de ce récit, je ne m'attarde ni à énumérer les convives, qui étaient les représentants choisis de toutes les branches de la coopération à Milan, ni à décrire la vaste table exquisement fleurie, ni à retracer les toasts chaleureux, notamment ceux de M. Maglione, président de l'*Associazione generale tra gli Impiegati civili*, et de M. L. Ponti, vice-président de l'*Unione cooperativa ;* je n'entends parler que des institutions, non de ce qui en était le charmant décor.

Le *Restaurant Coopératif* est une de celles que Milan doit à l'initiative de cette *Association générale des Employés civils* que je viens de nommer. D'autres sont sorties de la même source, principalement l'*Unione cooperativa*, une *Banque coopérative*, et une coopérative de construction, *Case ed Alloggi*, toutes trois spéciales aux employés. Ce sont les diverses parties de ce beau faisceau si intéressant qu'on va nous montrer.

Le *Ristorante Cooperativo* s'est constitué en juillet 1888, dans le but de donner aux membres de l'*Association générale des Employés* le moyen d'avoir un restaurant où ils pussent trouver des salons confortables, des aliments et des boissons d'excellente qualité, un service bien fait, et tout cela pour des prix très modiques. Je cite quelques-uns de ces prix : de 0,10 c. à 0,60 c. la portion de mets variés, de 0,20 c. à 0,30 c. un dessert, le tout avec des demi-portions, du vin à 0,20 c. *ai quinto* ou *al bicchiere*, à 0,50 c. la demi-bouteille, par abonnement un déjeuner à 0,70 c. et un dîner à 1 l. 05.

Cette coopérative d'un nouveau genre, à laquelle je ne connais guère de similaire chez nous, a un capital indéterminé, en actions de 10 l. On n'admet que les adhérents de l'*Associazione generale,* et chacun doit avoir cinq actions, ce qui correspond à une valeur d'autant plus accessible que la première action seule se paie comptant, les autres se formant petit à petit par le bénéfice des consommations capitalisé. Un conseil de cinq membres effectifs et de deux suppléants administre ; le président actuel est M. R. Guerra, qui s'en occupe avec un zèle infatigable et modeste ; quatre syndics leur sont adjoints. Sur les profits, 6 % sont attribués au capital à titre d'intérêt, 20 % vont à un fonds de réserve, 10 % sont mis à la disposition du conseil, et le surplus s'en revient aux *soci* proportionnellement à leurs consommations. Pas de pension : l'associé choisit ce qui lui plaît sur la carte du jour, qui comprend 4 potages et 15 plats, à prix fixes.

On a commencé par servir une vingtaine de déjeuners et une trentaine de dîners ; maintenant on donne 100 déjeuners et 130 dîners au minimum, et ces chiffres s'accroîtraient tout de suite sensiblement si les locaux n'étaient un peu étroits. La chère est soignée et très saine, le service est ponctuel. Voilà une organisation utile dans toute grande ville où tant d'employés à famille résidant ailleurs, ou célibataires, ne savent pas comment s'assurer un lieu de repas dont la fréquentation soit en rapport avec leur position sociale ou leur éducation, et dans lequel l'on mange bien sans payer des prix excessifs pour des appointements fort limités.

Du *Restaurant Coopératif* on nous conduit rue Ugo Foscolo, à l'*Unione Cooperativa*, autre création florissante de l'*Association générale des Employés*. Pénétrons à la suite de la foule dans ces magasins, une des curiosités de Milan par l'attrait moral qui s'y mêle à l'impression de vivante et pittoresque activité.

Cet intéressant *Bon Marché* en réduction et coopératif est installé au cœur de la ville, à côté de la place du Dôme, à l'entrée de la galerie Victor-Emmanuel, près du célèbre café Biffi. Il sera transféré à la fin septembre dans des locaux plus vastes encore et mieux aménagés, au palais Flori, sur les rues Carlo Alberto, Carlo Cattaneo, Silvio Pellico, et Tommaso Grossi : là ne sera plus gêné un développement qui a été d'une rapidité et d'une intensité rares.

L'*Unione Cooperativa* ne remonte pas en effet, quoique l'aînée du *Ristorante Cooperativo*, à plus de quatre ans. Fondée en juillet 1886, elle commença de fonctionner en novembre. C'est une coopérative de consommation, sur les types anglais, pour la vente du vêtement, de la mercerie, d'autres marchandises à l'usage de la famille, d'après ces deux règles, prix fixes, prix courants les plus bas du marché local. Elle vend soit aux *soci*, soit au public, en faisant profiter celui-ci comme ceux-là d'une répartition proportionnelle aux achats et qui est de l'épargne. Le capital, illimité, se divise en actions de 25 l. ; chaque membre doit en libérer au moins une au comptant, ou par versements mensuels de 2 l. Nul ne peut avoir plus de 100 actions, ni en acheter plus de 4 par an. Les bénéfices nets se distribuent comme voici : 15 °/₀ au fonds de réserve, 8 °/₀ aux administrateurs et syndics, 5 °/₀ à une caisse de prévoyance en faveur des agents, 2 °/₀ pour études et propagande coopératives, et les 70 °/₀ restants d'abord en prélèvement d'un intérêt pour les actionnaires qui ne peut excéder 6 °/₀, puis en remboursement aux acheteurs au prorata de leurs achats. La Caisse de prévoyance embrasse tout le personnel, des commis aux *fattorini;* elle leur prépare des ressources pour le cas de sortie de la maison sur un fonds disponible, pour l'âge de 60 ans et après 25 ans de travail sur un fonds indisponible.

L'animation de la clientèle qui afflue dans ces salons, le classement par comptoirs comme dans les caravansérails parisiens du même ordre, la masse et la variété des articles, étoffes, vêtement, toileries, linge, mercerie, quincaillerie, parfumerie, l'organisation correcte et prompte des services, l'entrain visible du personnel rendent ces magasins fort amusants à parcourir. Mais comme je l'ai indiqué plus haut, une certaine attraction morale se joint à l'autre dans l'impression ressentie. Acheteurs et vendeurs ont ici plutôt l'air d'amis, d'associés tacites, que d'antagonistes : ni les uns n'ont intérêt à marchander, ni les autres ne pensent à abuser ou à surfaire. Il y a dans l'atmosphère de la confiance et de la solidarité par l'effet du lien qu'a noué la coopération. L'*Unione* a obtenu l'an dernier à notre Exposition universelle une médaille d'or dans la section IX du groupe de l'Economie sociale (associations coopératives de consommation). On peut dire qu'elle est maintenant le centre de la coopération heureuse à Milan.

Sa croissance a été extraordinaire. Le dévouement, l'ardeur de ceux qui la dirigent, MM. L. Buffoli, L. Ponti, Pessina n'y ont pas peu contribué. Elle a publié à plusieurs reprises des journaux de propagande à numéro unique pour son *natale*, elle répand comme catalogue un guide de Milan où une ample place est réservée à la vulgarisation des œuvres coopératives. 134 personnes la fondèrent en 1886 : elle comptait au 30 juin 1890, date extrême de mes renseignements, 2,702 *soci*, qui avaient souscrit

461,500 l. et versé 450,500 l. Lors de mon passage deux mois plus tôt, le nombre des *soci* arrivait à 2,500 : l'augmentation est donc continue. Le chiffre des ventes n'a cessé de suivre une marche ascensionnelle : en avril et mai 1890. il dépassait 100,000 l. par mois. Les bénéfices nets se sont élevés de 10,075 l. en 1887 à 82,250 l. pour l'exercice 1889. Les femmes ont joué un rôle actif dans ce succès ; je n'en ai pas relevé moins de 1,000 sur les 2,702 membres inscrits au 30 juin, et c'est une des maximes qui ont cours dans la société que celle-ci : *senza la donna nulla è possibile nella cooperazione*. Le mot est juste : on peut l'appliquer à toutes les sortes de coopératives.

Il est aisé de concevoir que par ce mode de récupération d'une part de la dépense sur une branche très sérieuse de ses charges courantes, l'employé milanais obtient une atténuation au coût de sa vie. Il s'est assuré d'autres moyens d'allègement par ce qu'il appelle des *consorelle* de l'*Unione*, et que nous allons voir avec le même plaisir.

Entre ces coopératives filles aussi de l'*Association générale des Employés civils*, je tenais particulièrement à voir de près celle qui s'est donné pour but l'habitation. La *Societa edificatrice* avait déjà entrevu l'idée pour les employés et fait quelque chose : voici un essai spécialisé et direct.

La Cooperativa Case ed Alloggi per Impiegati e Professionisti est la première de l'espèce en Italie, et je ne lui connais pas de similaire en France. Elle naquit, fin 1887, des initiatives d'une commission d'études prise dans l'*Association générale*, d'un comité promoteur, et d'un comité technique. Le président est M. G. Manzoni ; parmi les *sindaci*, je retrouve, comme dans tout ce mouvement coopératif milanais, M. L. Ponti, un des fondateurs de l'*Unione* et du *Ristorante*, vice-président de la coopérative de consommation de la rue Sala, et en outre auteur d'un excellent *Manuel pour les Sociétés coopératives*. M. Manzoni et lui sont de jeunes *ragionieri* (comptables) de la grande Caisse d'épargne de Milan.

La *Case ed Alloggi* a voulu appliquer au profit des familles d'employés ce principe essentiellement coopératif : ne pas payer à un autre qu'à soi le loyer de sa demeure. Peuvent en faire partie, avec leurs ascendants, descendants et conjoints tous les membres de l'*Association générale*, et d'autres personnes de condition analogue pourvu qu'elles soient présentées par deux *soci* et n'aient pas d'intérêt contraire à celui de l'institution. L'objet essentiel de la société, celui par où elle tend à élever la condition morale de ses membres, est de favoriser pour ceux qui en feront la demande la construction de maisons économiques, dont ils puissent acquérir la propriété par le système de l'amortissement. Les associés ont la faculté de s'entendre entr'eux pour édifier en commun un immeuble et s'en répartir la propriété par appartements, ou de bâtir de petites maisons à l'usage exclusif d'une famille. Les maisons peuvent être isolées, ou par files, ou par groupes : toutes ont un jardin, soit en façade, soit latéralement, soit entre deux maisons voisines. La liberté la plus grande possible est laissée pour l'architecture ou les dispositions : l'associé dirige sa construction. La coopérative n'impose pas ; elle coordonne, elle conseille et aide. — Outre son but principal, elle en a deux autres : procurer à ses adhérents des locations convenables dans ses immeubles disponibles, exécuter pour leur compte des travaux en mettant à leur service ses contrats avec entrepreneurs ou fournisseurs et la surveillance de son personnel.

La Société n'est en rien une association de commerce ou d'industrie, visant au lucre : les bénéfices qu'elle peut faire, les *soci* se les distribueront au prorata de l'intérêt qu'ils y ont. Elle procède selon des règles très simples. Si le terrain appartient à l'associé, l'acte est passé de suite. Si l'associé n'a pas de quoi acquérir le terrain, l'acte sera passé quand il aura versé une somme représentant le coût originaire du sol. Il peut bâtir avec ses ressources, ou emprunter à la Société; s'il emprunte, il doit lui donner comme gage en actions libérées l'équivalence d'une annuité, et constituer en garantie au conseil d'administration des titres pour une valeur égale au cinquième du prix de la construction, ou une garantie hypothécaire correspondante, ou une assurance en cas de mort. La Société garde d'ailleurs hypothèque jusqu'à extinction de sa créance. L'assurance contre l'incendie est obligatoire. Les locaux que l'associé a en trop sont sous-loués à un tiers au profit de la Société. La dette s'amortit en un délai qui ne peut dépasser 25 ans. Dans le cas de déplacement professionnel, ou d'impuissance absolue, le contrat peut être résilié. La non-exécution ordinaire des engagements ouvre à la Société le droit de reprendre la maison, soit en remboursant la fraction du capital déjà amortie, soit en faisant vendre aux risques et périls de l'emprunteur. Pour les locations, l'associé donne comme gage en actions libérées, le tiers d'un loyer annuel.

Le président, M. Manzoni, voulut bien m'accompagner aux premières maisons qu'a élevées ou est en train d'élever la Société au nord de la Gare Centrale. C'est un quartier tout à fait neuf et d'avenir : on se croirait en pleine campagne, sans les bruits prochains et les perspectives de la grande cité. Onze maisons ont surgi; elles ont coûté 150,000 l. Les acquéreurs ont soldé le terrain, et six d'entr'eux font la construction à leurs frais. Je visite des types variés. Voici une maison de 25,000 l., spacieuse et élégante, avec des pièces bien décorées au rez-de-chaussée, un bel escalier, au premier étage huit chambres et des balcons, un jardin clos de murs. En voici une de 12,000 l. qui mesure 24 m. de long sur 10 de largeur. D'autres sont à des prix un peu inférieurs. Toutes frappent par leur commodité, leurs aménagements satisfaisants pour l'hygiène, la coquetterie d'aspect : ce sont des petites villas modestes, mais bien faites pour séduire, et d'ailleurs variées. La Société a encore une maison dans un autre quartier. Un projet d'hôtel garni est à l'étude. Il y a 200 *soci*. Le capital est illimité, en actions de 50 l., libérables par versements mensuels de 1 l. seulement. 50,000 l. ont été souscrites, la *Banca cooperativa fra Impiegati* a avancé 20,000 l. à 5 %. La Société a gagné quelque chose sur les terrains; elle reçoit de l'acquéreur 5 % comme intérêt et 0,25 c. pour frais d'administration.

L'esprit de l'entreprise peut se résumer ainsi : vie coopérative, indépendance, élimination de toute pensée de spéculation de la part tant de la Société que des sociétaires, effort confiant de tous pour la réussite et le développement. Comme tout se relie et se soutient dans le faisceau coopératif milanais, on a pu dire : un employé qui est père de famille et prévoyant, s'il fait ses achats uniquement à la coopérative alimentaire de la rue Sala et à l'*Unione,* a le moyen par une convention avec la *Case ed Alloggi* de devenir propriétaire d'une petite maison sans débours appréciable, par l'épargne qu'il réalise en mangeant et en s'habillant... Il y a là une tentative tout à fait intéressante, en ce qu'elle revendique justement pour la classe des employés cette grande et féconde idée de la création d'un foyer, appliquée de plus en plus dans tous les pays pour les salariés du travail manuel. Je quitte la charmante agglomération de la *Case ed Alloggi* en faisant des vœux pour l'extension et le succès d'une œuvre qui s'est donné ce beau programme : procurer aux familles d'employés qui s'affilient à elle, le moins difficilement et au meilleur marché possible, une habitation salubre, tranquille, confortable, un véritable chez-soi et dont on soit propriétaire.

Par d'autres coopératives encore, que nous ne pûmes aller voir faute de temps, mais dont les renseignements recueillis nous permettent de donner un aperçu, les employés milanais ont su se procurer pour la vie matérielle bien des avantages, avec une diminution des dépenses courantes.

Une coopération alimentaire, la *Cooperativa di consumo fra Impiegati e Professionisti*, leur vend aux moindres prix du marché local les comestibles de tout genre, les combustibles, d'autres choses d'usage domestique. Les magasins sont établis rue Sala. Elle remonte à la fin 1882. Les actions sont de 25 l., payables par versements mensuels de 2 l., ou par imputation sur les gains répartis au prorata des emplettes, après prélèvement de 10 % pour la réserve. Tout le monde peut acheter, en se procurant un livret qui coûte 0 25 c. On admet dans l'association les employés et pensionnés des administrations publiques et privées, leurs veuves, leurs enfants orphelins ou mineurs, les personnes de professions libérales, les mutualités, les coopératives, les corps moraux. Outre l'épargne par la consommation, les sociétaires jouissent de ces autres bienfaits, la bonne qualité des marchandises, la sincérité du poids ou de la mesure. La société porte à domicile. — Ce n'est pas la seule coopérative de cet ordre : ainsi les employés de l'administration centrale des chemins de fer en ont une spéciale, que fonda un des leurs, M. L. Buffoli, le président de l'*Unione*, un des promoteurs de l'*Association générale*. L'*Unione* elle-même va, dès son transfert au palais Flori le mois prochain, vendre les articles d'alimentation, et aura un comptoir pour les vins, qui ne seront débités qu'après analyse.

Combien d'employés dont le traitement est trop maigre tombent un jour ou l'autre, par besoin urgent d'un humble emprunt, aux mains d'usuriers! Que d'autres meurent après avoir épuisé les pauvres économies du logis au cours d'une maladie dont la famille espérait toujours triompher, et laissent une veuve, des orphelins dans l'angoisse de la misère aggravant le chagrin, réduits à chercher un premier secours dans quelque souscription dont la liste circule parmi les camarades du disparu! La *Banca cooperativa fra Impiegati e Professionisti* s'est donné pour programme d'obtenir à ses adhérents un peu de crédit par l'épargne et la mutualité, de leur fournir l'aide dont ils ont besoin pour avancer dans leur carrière, de leur faciliter de très modestes assurances en cas de décès. Elle date du 1er mai 1887, et est actuellement installée rue Sempione. Ses opérations comprennent l'escompte, les dépôts d'épargne moyenne ou très minime, les comptes-courants, les avances sur titres, les bons à intérêt, le prêt aux sociétaires, l'assurance sur la vie au moyen d'un fonds de prévoyance. L'action est de 25 l., libérable par versements mensuels de 1 l. au moins pour quatre actions. On s'inscrit en même temps au fonds de prévoyance; on y peut assurer au profit de la personne qu'on désigne une somme de 100 à 500 l. payable au décès du sociétaire. — On peut recourir d'ailleurs pour ce dernier service, à Milan même où en est le siège, à la compagnie d'assurances mutuelles sur la vie la *Popolare*, dont le fonds de garantie a été souscrit par cent banques populaires ou caisses d'épargne, qui a des tarifs modiques, recouvre ses primes par mois, fait des conditions spéciales aux coopératives, et rembourse les épargnes selon le système coopératif.

De nouvelles associations se sont formées tout récemment sur les mêmes principes.— Deux datent de juillet 1890 : la *Lavanderia a vapore cooperativa*, destinée à laver, sécher, repasser le linge des familles de ses sociétaires, comme du public ; et la *Cantina cooperativa*, à actions de 25 l. payables 2 l. par mois, pour vendre aux *soci* comme au public du vin non frelaté garanti par une sévère analyse chimique. — Peu auparavant, le 25 mai, la *Cooperativa Farmaceutica* ouvrait sa première officine rue dell' Orso, dans un quartier central, avec le projet d'en ouvrir d'autres sur divers points. C'est la première pharmacie coopérative d'Italie ; elle est fondée sur les bases auxquelles l'*Unione* doit sa prospérité. Le but est de vendre des médicaments d'une pureté garantie, absolue, aux associés et au public, au plus bas prix de la place, en restituant une part des bénéfices au prorata des achats. Le capital souscrit au

8 août 1890 était de 69,900 l., dont 40,109 l. versées. La première officine, avec cabinet pour l'analyse des produits de la pharmacie et des substances alimentaires ou pathologiques pour le public, a coûté environ 32,000 l., y compris la valeur de la marchandise pour 6,000 l. Du 1er juin au 8 août, on avait fait 23,994 ventes, y compris l'expédition de 5,300 ordonnances, pour 15,488 l. Il me semble que la société, présidée avec zèle par M. L. Giussani, aura pleine confiance, si elle considère le succès obtenu en huit ou neuf ans, dans un autre pays et pour un milieu exclusivement ouvrier, par la coopérative des *Pharmacies populaires de Bruxelles*. A Milan, les membres de l'*Association générale des Employés* avaient déjà, comme nous le verrons en parlant d'elle, un service pharmaceutique bien organisé à leur disposition, par accord avec des pharmaciens ; la coopération directe est sans conteste un instrument supérieur.

Voilà bien des combinaisons pratiques conçues et réalisées par les employés milanais. Et la société-mère, la promotrice de tout cela, l'*Association générale*, qu'est-elle au juste ? C'est bien le moins que nous jetions un coup d'œil sur la source d'où sont sorties tant de vigoureuses œuvres, et surtout l'utile *Banca*, l'intéressante *Case ed Alloggi*, cette *Unione*, centre d'un si remarquable mouvement.

C'est en décembre 1884 que quelques employés milanais songèrent à fonder une *Associazione generale tra gli Impiegati civili*. Ils étaient douze, parmi lesquels M. L. Buffoli, qui déjà en 1879 avait créé pour ses camarades de l'administration centrale des chemins de fer une coopérative de consommation, auteur d'un opuscule de propagande très lu, depuis président de l'*Unione*, M. G. Manzoni, que nous avons vu à la tête de la *Case ed Alloggi*, et d'autres coopérateurs ardents. A ceux-là s'en joignirent ensuite d'autres, tels que M. J. Pessina, des avocats comme M. T. Cesura, des professeurs comme M. R. Folli qui présida de 1885 à sa mort en 1889, et comme le dévoué président actuel, M. J. Maglione, économiste et savant technicien de comptabilité qui est aussi président du *Collegio dei Ragionieri*.

Le but était d'affirmer la solidarité entre employés civils (je préciserai tout à l'heure le sens du mot), d'étudier, de protéger et promouvoir leurs intérêts. Par quels moyens ? En les représentant auprès des pouvoirs publics, en aidant à la naissance d'associations similaires ailleurs, en développant la culture intellectuelle dans ce milieu, en fournissant des lieux de réunion, en créant un fonds pour des prêts d'honneur à intérêt équitable, en procurant aux affiliés tous les avantages qui dérivent de la mutualité et de la coopération. Les *soci* sont de trois sortes : les *effectifs*, qui habitent Milan, les *correspondants*, ceux qui hors de Milan remplissent les conditions voulues, et les *honoraires*, à qui l'assemblée générale donne ce titre, comme elle peut conférer en récompense de services notables un diplôme de *benemerenza*. Les effectifs paient, avec une taxe d'entrée de 5 l., une quotité annuelle de 12 l., et par mois. Est-ce cher ? Voyons, pour en juger, ce dont l'employé milanais qui a adhéré à l'*Association générale* jouit pour son franc par mois, au vu de la *carte* d'identité délivrée contre le dépôt de deux photographies.

Il peut aller, ou envoyer avec la carte, sa femme, sa mère, sa sœur, sa domestique, chez une série de marchands dont les adresses ont été publiées, et qui lui vendent des articles de toute espèce sous des escomptes convenus. — Il a gratuitement à sa disposition, pour lui et sa famille, un service sanitaire, soins des médecins de quartiers soit par consultations chez eux soit par visites à domicile, médicaments livrés par une douzaine de pharmacies à un tarif spécial, chirurgie dentaire à prix réduit. — Il peut fréquenter gratuitement un cercle centralement situé, bien installé et décoré, avec des salons de jeux (sauf ceux de hasard heureusement proscrits), de buffet, de billard, de lecture (avec tous les journaux, j'y trouve pour la France le

Temps, le *Figaro*, *l'Illustration*, la *Revue des Deux-Mondes*). — Il peut, sur simple demande et consignation de 5 l., recevoir d'une bibliothèque circulante et garder un mois ou quinze jours selon l'objet de la lecture un volume de sciences, de législation, d'administration, de littérature, d'art. — Il a un organe de défense, le *Giornale dell' Impiegato*, qui paraît en seize pages chaque quinzaine, et est sagement tenu à l'écart de la politique. — Il a dans les théâtres des billets d'entrée avec des rabais qui vont suivant les scènes jusqu'à 50 et 60 °/₀. — Il trouve, dans des établissements désignés, des bains à 0 55 c., sans compter les bains médicaux et minéraux à prix de faveur.

Je laisse à part en ce moment tous les avantages qu'il peut s'assurer, nous l'avons vu, en entrant dans les coopératives constituées pour lui par l'*Association*, *Cooperativa di consumo*, *Case ed Alloggi*, *Unione*, *Caffe-Ristorante*, *Lavanderia*, *Cantina*, *Farmacia*, *Banca*. De Turin une *Cooperativa fra Impiegati per cure balnearie e climatiche* lui offre les eaux thermales à bon marché. Il peut par la *Societa Nazionale di Mutuo soccorso fra gli Impiegati*, qui a 27 ans d'existence, se préparer pour l'avenir une pension à capital perdu ou à capital réservé. Mais je ne parle ici que des bénéfices directs de l'*Association générale*. Ils sont si variés, que vraiment l'employé milanais peut tenir son franc par mois pour utilement dépensé. On lui donne bien au delà en épargne. Les membres corespondants profitent de tout cela lorsqu'ils sont à Milan ; en outre tout membre effectif d'une des associations italiennes d'employés civils qui font partie de la *Federazione* est de droit correspondant des autres ; on finira par unifier la carte de sociétaire.

Quel est donc le personnel dont se compose l'*Association générale?* Il y a là une nuance assez curieuse pour des Français, qui ne la connaissent pas. On appelle en Italie *Employés civils* ceux qui appartiennent aux administrations publiques, aux instituts de crédit, de prévoyance, de bienfaisance, d'enseignement et d'éducation, aux sociétés anonymes et coopératives ; ils forment une catégorie distincte des employés ou commis du commerce privé, et une catégorie supérieure. L'*Associazione* n'admet que les employés civils ; les autres pourtant peuvent entrer dans les coopératives filiales. Sur la liste je relève les groupes que voici : 1° *administrations du gouvernement*, postes, intendance des finances, domaine et impôts, douane, loterie, archives, télégraphe, tabacs, cour d'appel, tribunaux civil, correctionnel et de commerce, prèture, prèture urbaine, questure, prisons, pensionnés ; 2° *administrations com-*

munale et provinciale, préfecture, députation provinciale, médecins municipaux, services du municipe ; 3° *Enseignement*, écoles universitaires et secondaires, institut Cataneo, Conservatoire de musique, écoles primaires, collège militaire, école vétérinaire, bibliothèques, écoles de femmes ; 4° *Opere Pie*, hôpitaux, Mont-de-Piété, congrégations de charité, refuge de mendicité, fabrique du Dôme, institut ophtalmique, séminaire, asile rural, sourds-muets ; 5° *Instituts de crédit*, Caisse d'épargne, Banque Populaire, Banques générale, Nationale, Lombarde, Subalpine, de Naples, de Sicile, coopérative, agricole ; 6° *Chemins de fer*, tramways, navigation générale ; 7° *Instituts de Prévoyance*, de nombreuses compagnies d'assurance ; 8° *Sociétés anonymes*, électricité, eaux, coopératives, téléphones, habitations ouvrières, omnibus ; 9° *Institutions diverses*, Chambre de commerce, avocats, comice agraire, l'*Associazione* elle-même. Ces exemples, où se reflète l'activité milanaise, montrent bien où l'*Association générale* se recrute. Chacun des groupes a son représentant ; la grande Caisse d'épargne forme six groupes.

Au 20 avril 1890 l'*Associazione generale tra gli Impiegati civili in Milano* comptait 2993 membres, dont 2831 effectifs et 162 correspondants. Les 2831 membres effectifs se classifiaient ainsi : 502 venaient des administrations de l'Etat et de la province, 379 du municipe, des tribunaux, des prètures, 194 de l'instruction publique, 190 des *Opere Pie*, 304 des instituts de crédit, 690 des chemins de fer de la Méditerranée, 122 d'autres chemins de fer et de tramways, 170 de compagnies d'assurance, 246 de sociétés anonymes et coopératives, 34 d'institutions diverses.

L'*Associazione generale* nous a surtout frappé par sa fécondité comme mère et nourricière d'institutions excellentes, et que le succès a sanctionnées. Il s'est formé des associations similaires à Bologne, à Vicence, à Venise, à Vérone, à Turin, à Ancône, à Florence, à Pise, à Lucques, à Gênes, à Naples : une *Federazione,* dont le statut date de 1888, et dont le comité est présidé par M. Manzoni, les unit, sans que rien soit ôté à l'indépendante autonomie de chacune selon le système décentralisateur italien. Voilà ce qu'a produit en quelques années la coopération entre employés. On cherche des moyens d'améliorer la condition des nôtres : là est le meilleur. Le niveau de culture m'a paru dans ce milieu des employés milanais plus relevé, la moyenne est plus affinée, et l'élite remarquable : comment n'en serait-il pas ainsi, étant donnés ce mouvement, cette vie, ces leviers d'instruction et de perfectionnement, cette curiosité du mieux ? En tout cas il est sensible que l'initiative, le goût de monter par son propre effort, la solidarité sont beaucoup plus développés. Les éléments seraient aussi favorables chez nous : tout est de vouloir, et de bien orienter l'action.

Après tant d'œuvres de la coopération, et en attendant que nous arrivions devant la plus large, née dans l'ordre du crédit, Milan va nous mettre sous les yeux une force différente et admirable, sa maîtresse-institution de haute philanthropie et de saine action économique. L'impression de grandeur et de puissance que nous donnera par son organisation comme par ses résultats la *Caisse d'épargne de Milan*, on la ressent dès qu'on a franchi le seuil de l'énorme et superbe édifice qu'elle s'est construit et aménagé rue Monte-di-Pieta, estimant sans souci des pharisiens et des esprits étroits que rien n'est trop beau pour le palais de la Prévoyance, qui est véritablement le palais du Peuple.

Sur l'escalier monumental, les administrateurs et le comité exécutif sont venus nous recevoir. C'est une élite sociale que la Commission centrale de bienfaisance, qui, formée par décret du 10 septembre 1818 pour gérer un capital de f. 750,000 destiné à secourir la ville pendant une disette, fonda en 1823 la *Cassa di Risparmio* et la dirige toujours. Le président, le sénateur comte Aldo Annoni, joint à sa situation élevée le mérite personnel, l'autorité de l'expérience, le sens pratique uni à l'ampleur de vues : la courtoise rondeur de son accueil, sa cordialité, la bonne grâce simple de certaines prévenances m'ont été un indice nouveau de la réalité des sympathies qui, au fond des cœurs, existent à l'égard de la France dans les rangs supérieurs de la société italienne comme dans les milieux populaires (1). Avec lui, avec l'aimable vice-président, le d[r] G. Mussi, député au Parlement, je voudrais, sinon nommer, au moins remercier leurs collègues. Ce n'est pas une heure ou deux d'occupation par intervalles qu'exige une gestion aussi étendue, aussi complexe : c'est, surtout pour ceux qui portent le poids de l'initiative et de l'exécution, une somme immense de travail, et par les motifs que j'expliquerai, une sérieuse responsabilité virilement acceptée.

Nous voici introduits dans les hautes et belles salles majestueuses où ces hommes pleinement dignes du nom de citoyens donnent sans compter

(1) En ce sens, comme déjà à propos des coopérateurs prolétaires de Sampierdarena et du sénateur maire de Gênes, j'aime à rapprocher des paroles de M. le comte Annoni une lettre toute récente (4 août 1890) par laquelle le *Consulat ouvrier* de Milan, remerciant l'auteur de ces études, ajoute : « cette bienveillance nous est un sûr témoignage de la sincé-« rité des sentiments qui lient et lieront toujours notre peuple « au vôtre, intimement enchaînés par les traditions, l'affinité du « sang, les vicissitudes communes. » Puissent ces tendances profondes vaincre définitivement de factices et funestes courants contraires !

leur temps et leurs peines à l'une des tâches les plus véritablement démocratiques qui soient, car elle consiste dans le service le plus pratique, le plus fécond en répercussions précieuses, rendu à la démocratie qui travaille. Après un lunch servi avec les plus chaudes paroles de bienvenue aux hôtes français, nous revenons dans le cabinet de la Présidence, on fait passer sous nos yeux des documents magistralement établis et où il y a plaisir à lire, on nous prodigue les éclaircissements, on répond avec précision aux interrogations multipliées. De là nous allons dans les bureaux examiner les rouages de la machine, que font mouvoir et marcher 140 employés (il y en a 350 ou 400 avec les succursales), corps instruit et zélé où l'on tient à honneur d'être admis, et qui fournit comme nous l'avons vu au mouvement coopératif des éléments distingués. Tous les services sont savamment distribués et organisés, notamment la comptabilité au personnel nombreux, aux vastes locaux, à la forêt de pupitres derrière lesquels on écrit debout sur les lourds registres ouverts. Le taux des traitements est avantageux, surtout relativement aux habitudes locales : le point de départ en est 1800 l., sauf des agents provisoires ou à l'essai rémunérés 1200 l. Une Caisse des retraites fonctionne sans retenues, uniquement dotée par l'institution.

La *Cassa di Risparmio di Milano*, ou plutôt

delle provincie Lombarde, car telle est sa dénomination officielle, naquit, ainsi que je l'ai indiqué, dans la période de ce siècle où les caisses d'épargne apparurent un peu de toutes parts en Europe, cinq ans après celle de Paris, deux ans après celle de Marseille. Sous quel régime s'est-elle développée ? Comme les institutions similaires non seulement d'Italie, mais d'Allemagne et d'Autriche, de Danemark et de Hollande, de Suède et de Norvège, de Belgique et de Suisse, elle ne se borne pas à recueillir les épargnes, ce qui est une moitié du rôle des caisses d'épargne ; elle les reverse ensuite elle-même, sur place, dans la circulation économique du pays, à la différence des caisses françaises placées sous la loi de l'adduction de leurs fonds à une caisse centrale d'Etat qui emploie la totalité de ces fonds dans la Dette de l'Etat. Qu'est donc devenue la Caisse de Milan dans ces conditions de vie ? Voyons-le, en la suivant dans l'une et l'autre de ses deux fonctions.

Qu'a été, quant à la première de ces deux fonctions, comme collecteur et réservoir de l'épargne, la *Cassa di Risparmio* de Milan ?

La confiance des déposants est le criterium de la vitalité et de l'importance d'une institution de cet ordre. A la fin de l'exercice initial, 1823, elle avait reçu 769 dépôts, pour une somme de 258,510 l. Depuis lors, sauf en 1830-31 et 1847-

48 des baisses bien moins graves qu'en France, la marche ascensionnelle est constante. Au bout de dix ans, en 1833, nous trouvons 6,901 livrets pour 3,796,308 l., et pour nous en tenir à des têtes de périodes décennales, en 1840 17,179 livrets pour 8,398,501 l., en 1850 32,341 livrets pour 17,696,172 l. Puis la progression s'accélère : en 1860 107,930 livrets pour 85,852,188 l., en 1870 222,643 livrets pour 193,779.107 l. (c'était déjà plus que Paris aujourd'hui), en 1880 352,071 livrets pour 284,299,599 l. Nous voici au 1er janvier 1890, avec 448,744 livrets et 433,580,847 l., dont 431,034,940 l. en livrets au porteur et 2,545,907 l. en livrets nominatifs, car l'option est ici laissée aux déposants entre ces deux modes.

Je dis bien *quatre cent quarante-huit mille* livrets, et un capital de *quatre cent trente-trois millions* de francs ; à la même date, en ouvrant l'année 1890, la Caisse d'épargne de Paris n'atteint pas 140 millions. Il est vrai que la *Cassa di Risparmio delle provincie Lombarde* ne comptait pas à ce moment moins de 117 *Agenzie Filiali* ou Succursales, dont les plus considérables sont Bergame (18 millions), Brescia (20), Come (22), Crema (5), Cremone (6), Gallarate (6), Lecco (9), Lodi (12), Mantoue (8), Monza (14), Novare (7), Pavie (15). Mais avoir su rayonner par ce réseau d'annexes sur la région est un titre à son actif; et d'ailleurs je relève pour Milan seule 141,099 livrets, 160,105,947 l. de dépôts, sur une population de 400,000 âmes. La crise financière et économique que l'Italie traverse a-t-elle influencé cette situation, entraîné de vastes retraits? Je n'en trouve pas trace : dans le premier trimestre 1890, le solde dû s'est encore élevé, il atteint au 1er avril 439,087,449 l. Et pourtant quelle concurrence pour le drainage de l'épargne, non seulement par la Caisse Postale qui existe aussi chez nous, mais par tant d'institutions coopératives, ne fût-ce que les banques populaires (Milan en a plusieurs, dont une énorme, qui au 31 décembre 1889 devait plus de 35 millions de francs sur livrets d'épargne)!

Toute cette masse d'épargnes qui ne confirme guère l'idée que beaucoup de gens, les uns par parti-pris, les autres par crédulité, se forment de l'état de la richesse en Italie, comment va-t-elle être employée? Sera-t-elle, comme en France, immédiatement livrée à une caisse officielle de Dépôts et Consignations, exportée de la province au centre, de Milan à Rome, détournée du travail, de l'agriculture, de l'industrie, de la vie locale, jetée tout entière dans la Dette d'Etat? Non, et fort heureusement pour ce peuple : car en Italie comme en France, plus qu'en France, l'Etat est un insatiable dévorateur et un médiocre gérant de capitaux, les emplois qu'il fait de l'argent économisé par le pays sont singulièrement mêlés de gaspillages, et si pour le placement de rentes indéfiniment émises ou pour des consolidations en bloc il disposait de ce flot silencieux, intarissable, commode de numéraire, il n'en serait que plus poussé aux dépenses excessives ou inutiles. Le législateur n'a pas cru que l'adduction à l'Etat fut l'unique chance de salut pour l'épargne. Il a laissé aux caisses, une fois les fonds reçus, ce qui à ses yeux n'est qu'une de leurs fins, la liberté de rechercher des emplois à la fois sûrs et fécondants.

Telle est bien, pour une saine économie sociale, la seconde fonction des caisses d'épargne. Quel en est le jeu à la *Cassa di Risparmio di Milano ?*

Vérifions-le sur l'exercice 1889, le dernier. Avec les dépôts spéciaux, quelques créances, son patrimoine sur lequel je reviendrai, elle avait un actif global de 490,985,193 l. Par quoi est représenté cet actif à la fin 1889 ? Le voici, en ne négligeant que quelques articles très secondaires et les centimes :

Fonds publics (rentes, obligations de l'État ou garanties par l'État	180.833.546
Bons du Trésor	58.000.000
Prêts hypothécaires à mode normal de remboursement	70.196.836

Prêts hypothécaires à amortissement graduel	22.926.819
Avances en nantissement sur fonds d'Etat et obligations	6.109.718
Avances sur warrants du magasin général des soies	8.089.900
Prêts aux provinces, communes et autres corps moraux	41.262.869
Reports d'effets publics	11.605.300
Obligations industrielles et commerciales (obligations de villes, de chemins de fer, des biens domaniaux, actions de la *Banque Nationale*, de la *Banque coopérative milanaise*, de la *Societa edificatrice di Abitazioni operaie*, obligations des instituts autorisés à exercer le crédit foncier)	56.744.700
Effets de commerce	7.049.057
Comptes-courants	1.973.254
Depôt à la Banque Nationale	2.888.492
Immeubles	3.706.128
Titres provenant d'avances de crédit foncier	2.462.717
Intérêts de 1889 exigibles en 1890	6.031.983
Numéraire à la Caisse Centrale	6.688.685
Numéraire dans les Succursales	3.074.410

En présentant ce relevé, le comité exécutif de la Caisse est-il autorisé à dire qu'il a concilié le mieux possible la sécurité, la facile mobilisation, la productivité, le bien de la circulation économique générale ?

A coup sûr ce sont là des exigences très

diverses, auxquelles on ne satisfait pas sans effort, et il est plus simple de s'en décharger sur l'Etat ; y satisfaire est cependant le seul moyen de remplir le programme d'une véritable institution d'utilité sociale, et non d'un simple fournisseur d'argent pour le Trésor public.

Sécurité, mobilisation facile ? — Les prêts hypothécaires, faits avec le plus grand soin, n'équivalent pas au cinquième de l'ensemble ; encore une forte partie s'en éteint-elle d'elle-même par le mécanisme de l'amortissement. En fonds publics, sous la signature directe ou la garantie de l'Etat, il y a plus de 238 millions, presque la moitié. La Caisse est un gros preneur de bons du Trésor ; elle en a là pour 58 millions, et davantage à certaines époques ; aussi les ministres des finances comptent-ils avec elle. En ce moment même elle fait partie du syndicat qui a pris le bloc de rentes 5 % en voie d'émission pour les travaux d'assainissement de Naples. En un mot, elle est un important auxiliaire des valeurs d'Etat, mais un auxiliaire libre, non point un déversoir forcé ou un remorqueur quand même. Le reste de ses placements n'est guère moins aisément réalisable : sur le chapitre le plus hardi, mais relativement fort restreint, les escomptes, le mouvement de l'exercice laisse à peine 33,093 l. au contentieux. Outre un fonds de réserve colossal, plus de 49 millions, des réserves particulières au crédit foncier et au magasin des soies, la gestion est si prudente que des *réserves latentes*, pour ainsi parler, sont constituées par un abaissement très sensible des évaluations du portefeuille.

Productivité ? — La Caisse a pu faire rendre à l'ensemble de ses emplois en 1889 comme moyennes d'intérêt sur les fonds publics 5.52 %, sur les prêts hypothécaires à remboursement ordinaire 4.74 %, sur les prêts hypothécaires amortissables 4.62 %, sur les nantissements de titres 4.70 %, sur les prêts aux provinces et villes 4.24 %, sur les reports d'effets publics 4.81 %, sur les obligations 4.91 %. En somme elle a retiré du tout un revenu de 23,465,216 l. Elle a pu servir aux déposants sur les livrets nominatifs 4 %, sur les livrets au porteur 3 1/4 % ; car elle favorise par là les livrets nominatifs, dont le caractère populaire est plus aisément vérifiable ; et malgré cette différence de traitement, nous avons vu que les déposants préfèrent de beaucoup les autres, en sorte que la liberté des déposants est conciliée avec le seul moyen pratique de s'affranchir des difficultés de paiement qui sont pour les caisses françaises, en l'état d'une nombreuse clientèle illettrée, des formalités à simplifier pour les travailleurs et du temps à ménager, du risque de fraudes sur les identités, un injuste danger de plus.

Le bien de la circulation économique ? — Vigoureux instrument de décentralisation, l'institution aide l'activité régionale sous toutes les formes. Par ses placements en fonds publics et en obligations, par ses prêts aux corps moraux, elle fournit un concours efficace, en même temps qu'à l'Etat, aux provinces, aux communes, aux grandes entreprises. Ses prêts hypothécaires sont faits dans un vaste rayon : pour 47 millions à Milan, 45 sont semés dans vingt-cinq localités. Elle réescompte le portefeuille commercial, industriel, agraire des banques populaires. Après avoir participé pour plus de 1500 actions à l'œuvre de la *Societa edificatrice di Abitazioni operaie*, elle a fait don de ces actions en 1884 à la Société, sous condition que les dividendes en seraient employés au profit des familles logées, en subventions bienfaisantes ou en encouragements à la moralité. Avec ses sœurs de Bologne et de Cagliari, la Banque Nationale, le *Banco di Napoli*, l'Œuvre pie de St-Paul à Turin, la Banque San Spirito de Rome, le *Monte dei Paschi* à Sienne, la Banque de Sicile, elle exerce, de par une loi de 1866, le crédit foncier dans sa zone, avec un fonds de garantie spécial, qui atteint 2,462,717 l., et elle émet des lettres de gage. Associée à d'autres caisses d'épargne, elle a contribué en 1883 à fonder la *Caisse Nationale contre les Accidents du travail*, par un apport de 625,000 l. au fonds de garantie, et la représente dans sa zone. Quand les Italiens ont songé à développer leur industrie séricicole, elle a créé pour la garde de la marchandise et les avances un Magasin des Soies, auquel un décret a donné les prérogatives de magasin-général, et qui a sa réserve spéciale ; j'ai visité ces galeries de fonte à six étages, merveilleusement installées et outillées, avec élévateurs et ascenseurs : il y a là en cocons et en soies une valeur considérable, sur laquelle nous avons vu que la Caisse avait 8 millions d'avances : quoi d'étonnant si ainsi secondée, en même temps que par le moindre coût de la main-d'œuvre, l'industrie nationale concurrence la fabrique lyonnaise, qui est encore la première du monde, mais qui n'est plus la seule ?

Servir par cette multiple et forte action la vie économique du pays, c'est à notre avis servir vraiment l'Etat, à un point de vue plus élevé que ne le fait la simple et automatique absorption de ses emprunts plus ou moins justifiés.

Et il ne faut pas dire, comme nous l'avons entendu dire à nos compatriotes, aux mêmes qui à l'exemple des plus incontestables progrès de l'étranger opposent une prétendue inaptitude de notre race : « c'est que les caisses d'épargne en « Italie « (et en Allemagne sans doute, et chez tant d'autres peuples !) « sont des banques ».

Comme si les banques manquaient aux Italiens, dont l'esprit est au contraire tourné à la technique du crédit! Pour ne parler que de Milan, voici la Banque Nationale, la grande *Banque Populaire*, la *Banca Generale*, la *Banca Lombarda*, la *Banca Subalpina e di Milano*, le *Banco di Napoli*, le *Banco di Sicilia*, la *Banca cooperativa Milanese*, la *Banca di credito italiana*, la *Banca cooperativa Operaia*, la *Banca agricola Milanese*, que sais-je? sans compter les banquiers. La Chambre de compensation avait compensé en 1888 plus de 5 1/2 milliards. Non, tout distingue profondément des banques la *Cassa di Risparmio*. L'administration en est de pur dévouement; tout y est gratuit, et à Milan, et dans les 117 filiales. L'organisation est la même que dans toutes les caisses d'épargne : livrets, modes de versements et de retraits, classifications, documents, etc. Il est vrai qu'on n'y connaît pas notre maximum de f. 2,000, que certains voudraient maintenant ramener au-dessous du taux du temps de Louis-Philippe; mais la moyenne du crédit des déposants n'y excédait pas au 1er janvier 1890 966 l., ce qui est la meilleure preuve qu'il s'agit de modeste épargne. Nous sommes bien dans une caisse d'épargne. Seulement on n'y croit pas qu'il n'y ait d'épargne à encourager que celle des presque pauvres gens; on y comprend que des institutions qui se borneraient à cela vivraient à peine, que pour faire face aux frais, solidifier les réserves, perfectionner le fonctionnement, élargir les bienfaits, il faut se servir du tribut de l'épargne un peu plus avancée à l'embryonnaire. Et surtout on n'y a pas le fétichisme dont tout le *credo* est ceci : « hors de la Dette d'Etat, pas de « sécurité. »

Ayant ainsi vu la Caisse d'épargne de Milan s'acquitter librement, elle-même, sur place, de la deuxième fonction des institutions de son ordre, nous ne croyons rien dire de trop en disant : mieux vaut l'usage fait en 1889 des 490 millions dont elle disposait que si 490 millions de plus avaient été engouffrés dans la Dette d'un Etat à finances plus ou moins sagement et utilement menées, ou à tout le moins qui ne peut faire de capitaux que ce qu'en fait un Etat. Or cette liberté de gestion que la Caisse de Milan exerce avec tant d'habileté, et dont elle tire tant de beaux résultats, c'est la liberté complète, absolue. Lorsque cependant nous demandons que le législateur en accorde une parcelle aux caisses françaises, qu'il permette un essai de liberté pour l'emploi de leurs biens propres et d'un *quart* à peine des dépôts, selon des modes strictement réglementés par la loi, aux institutions qui voudraient user de cette faculté, on nous répond qu'il y aurait là un péril épouvantable. A entendre les fanatiques d'Etat et les entêtés de la routine, la ruine rapide châtierait les établissements assez fous pour verser un peu de leurs fonds ailleurs qu'à la Caisse des Dépôts et Consignations. Puisque nous tenons sous un examen précis cette Caisse qui profite depuis si longtemps, non de la pauvre petite liberté désirée en France, mais de la liberté intégrale, considérons ce qui en est résulté pour sa propre fortune.

Après la durée, après l'amplitude des dépôts, après la sécurité et la fécondité des emplois, ce sera une dernière pierre de touche que la marche des réserves. Comme nos caisses d'épargne en effet, l'institution a encore ces caractères tout spéciaux : un patrimoine formé par des bénéfices annuels, et l'absence d'actionnaires pouvant réclamer ce capital ou à qui il faille servir des dividendes. Si le régime sous lequel elle vit est infiniment plus dangereux que celui des caisses françaises, elle n'aura pu asseoir de fortune aussi importante, car des pertes auront alterné avec les gains, ou au moins il y aura eu au cours de soixante-sept ans des va-et-vient sensibles.

Or c'est exactement le contraire qui est le vrai. Les caisses françaises assimilables s'appuyent sur des réserves médiocres, elles ont passé par des hauts et des bas : à Marseille par exemple, la réserve fléchit de f. 81,019 en 1829 à f. 22,777 en 1830, se relève tout au plus d'une dizaine de mille francs en dix ans, retombe de f. 102,032 en 1848 à f. 38,270 en 1851. A Milan (reprenons les points de repère que nous avons adoptés pour les dépôts), les 4227 l. de 1824 sont devenus en 1833 259,028 l., en 1840 694,311 l., en 1850 1,211,423 l., en 1860 4,456,829 l., en 1870 11,063,669 l., en 1880 30,490,556 l. Nous voici, au 1er janvier 1890, devant le chiffre liquide de 46,699,740 l., plus 2,915,954 l. de bénéfice net pour l'année, ensemble 49,615,694 l., *près de 50 millions,* alors qu'à la même date la Caisse de Paris n'atteint pas f. 3,700,000 ! Et la progression a été continue : à peine trouvons-nous en 1848, pendant trois ans, une oscillation de 1,404,103 l. à 1,281,030 l. ; dès 1852, l'élan ascensionnel ne s'interrompt plus.

Cette fortune, on en voit les multiples avantages. Elle est pour la gestion une base de granit : que signifient les pertes de détail inévitables avec une telle réserve ? Elle permet les larges dépenses de perfectionnement ou d'utilité publique. Excédent de l'actif sur le passif, elle a la même assiette que le reste de l'actif, et n'est pas soustraite par des règles arriérées aux méthodes modernes de gestion : qui croirait que des instructions administratives interdisent à une caisse française propriétaire d'un immeuble d'en amortir la valeur, et si elle l'occupe, de porter en recettes un revenu, en frais généraux un loyer proportionné ? Le palais de la rue Monte-di-Pieta, 8, subit des amortissements successifs, qui de 4 millions l'ont réduit à 1 ; la Caisse s'attribue de ce chef un loyer de 41,000 l., plus des loyers de 27,152 l. pour les maisons contiguës n°s 10 et 12, et de 28,200 l. pour l'immeuble affecté rue Mercato au Magasin général des soies. Ce patrimoine, au profit duquel les charges annuelles supportent un intérêt de 4 1/2 %, grossit avec une rapidité croissante, malgré des frais généraux qui se sont élevés à 4,581,625 l. (personnel de Milan et des Filiales 774,674 l., frais d'administration 372,515 l., Magasin des soies 197,285 l., impôts 3,237,151 l.).

Ainsi le régime qui à entendre l'école du *statu quo* en France serait un danger redoutable a fondé à la Caisse de Milan une fortune propre auprès de laquelle celles de nos établissements similaires ne sont rien. Mais il y a plus. L'institution ne s'est-elle servi de ses bonis annuels que pour constituer ou agrandir cette fortune ? Ici reparaît la question du libre emploi ; chez nous il n'existe pas plus pour les réserves que pour les dépôts. L'objectif à Milan en a été double : formation d'une réserve assez solide pour annihiler les risques, diffusion de bienfaits sociaux. Dès 1847, la Caisse de Milan mettait la main sans timidité à l'application d'un *Fondo disponibile per le erogazione in opere di benefi-*

censa e pubblica utilita; la réserve à ce moment ne dépassait pas 1,380,160 l., moins qu'aujourd'hui Marseille (f. 1,550,727), qui a pourtant besoin d'une autorisation exceptionnelle pour disposer d'une dizaine de mille francs; on préleva 96,790 l. Après un arrêt, le prélèvement recommence en 1860; selon les résultats ou les besoins, il varie de 50,000 l. à 1,394,000 l. Le dernier distribué a atteint 1,295,000 l. En ajoutant à cette somme le solde libre antérieur, le *Fondo erogabile* représentait pour 1889 4,571,510 l.; on a disposé de 1,361,550 l. en 1889; il restait au 31 décembre 3,209,960 l.

Voyons par le spécimen de 1889 ce qu'on en fait. — Aux Asiles infantiles, 13,000 l. — A l'Association des Asiles de nuit, 1,000 l. — A la *Congregazione di Carita*, 20,000 l.— A l'Institut Ophtalmique, 3,000 l. — Au Patronage des Libérés adultes, 2,500 l. — Au Patronage des victimes du travail, 1,500 l. — A l'Institut des Rachitiques, 3,000 l. — A la Réformation de la jeunesse, 4,000 l. — A l'Ecole professionnelle de femmes, 2,000 l. — A la Société de patronage des pauvres, 1,000 l. — A la Société de protection de l'enfance, 2,000 l. — A la Société pour la cure climatologique des enfants, 1,000 l. — Aux *Congregazioni di Carita* des 117 communes où sont ouvertes des succursales, 74,200 l. — Aux *Congregazioni di Carita* de 341 communes des arrondissements où sont les succursales, 187,150 l. — A diverses institutions philanthropiques nouvelles (asile de mendicité, Institut antirabique système Pasteur, etc.), 64,000 l. — Envoi d'ouvriers lombards à Paris, pour l'Exposition, 22,500 l. — Au comité promoteur de l'Exposition industrielle ouvrière à Brescia, 2,000 l. — Aux victimes de divers sinistres à Cagliari et à Milan, 8,000 l. — Aux Asiles infantiles de diverses communes, 8,400 l. — A des institutions milanaises (Bibliothèque populaire, Cercle d'enseignement, garde médico-chirurgicale, gardes d'accouchement, magasin coopératif, enfants de la Providence, Ecoliers pauvres, sociétés de secours mutuels, etc.), 18,500 l. — A des institutions hors Milan, 11, 600 l. — Ajoutez des emplois analogues à l'occasion de la Fête Nationale, 336,200 l., et 500,000 l. pour étendre le fonds de bienfaisance destiné à des prêts aux communes lombardes.

Voilà ce qui a été réparti au cours de 1889. Sur les bénéfices nets de l'exercice une fois clos, qui montaient à 2,923,999 l., dépassant de plus de 150,000 l. ceux du précédent, on a décidé le 20 mai 1890 de donner à la Caisse des retraites des employés (qui avait déjà reçu 165,344 l. sur les dépenses courantes) 175,440 l., puis de porter au *Fondo erogabile* 748,559 l., et à la réserve 2 millions. Tant que la réserve ne représente pas le dixième du stock des dépôts, la Caisse ne peut mettre au *Fondo erogabile* qu'un quart de ses bénéfices ; dès que la réserve atteindra cette proportion (et l'on voit que le moment est très proche), l'intégralité des bonis pourra être versée au *Fondo erogabile*.

Tel est le jaillissement de bienfaits par lequel l'institution justifie dans l'emploi des bonis, comme elle le fait dans l'emploi des dépôts, la liberté qu'elle tient de la loi. J'ai voulu totaliser depuis les trente dernières années les sommes que le jeu du *Fondo erogabile* a fourni à tant d'œuvres précieuses : je suis arrivé, de 1860 à 1889, à 14,536,033 l. *Quatorze millions et demi de francs !* Que d'initiatives encouragées, de germes fécondés, d'infortunes aidées, de bien social soutenu !

Si j'ai tenu à décrire sous ses divers aspects, telle que je l'ai vue et admirée, la *Cassa di Risparmio di Milano*, c'est qu'en outre d'un attachant spectacle, j'y trouve une démonstration irrécusable de la thèse réformiste dont les projets de lois soumis au Parlement français font pour notre pays une actualité, et dont la défense est difficile contre l'Etat, contre les préjugés de l'esprit public, hélas ! contre les intéressés eux-mêmes. Pas une des objections accumulées contre la réforme qui ne rencontre dans ce que nous venons d'examiner une réponse topique. —

Moindre sécurité des dépôts ? La confiance populaire et la prospérité ne font que croître depuis 67 ans, et une expérience de 67 ans, cela compte ; pas une crise sérieuse ; dans les commotions politiques, les dépôts tendent plutôt à augmenter, nous disait le président, précisément parce que tout n'est pas confié à l'Etat. — Difficulté de procurer aux déposants des emplois productifs en même temps que sûrs ? Le revenu, le taux d'intérêt alloué dépendent de l'effort et du dévouement de bons citoyens, qui savent les maintenir, et non comme en France des caprices d'une majorité parlementaire, qui demain peut leur faire subir un abaissement brusque et excessif. — Impossibilité de recruter des administrateurs acceptant la peine et la responsabilité du libre emploi ? A Milan comme partout en Italie, et dans les pays de régime semblable, des hommes d'élite affluent pour se donner à cette noble tâche, et ces hommes (ils y insistaient) ne voudraient pas d'un rôle de simples collecteurs ; pourquoi ne s'en formerait-il pas parmi nous, si nous voulons devenir dignes de la décentralisation sérieuse et de la liberté pratique ? — Périls du libre emploi ? Au lieu de mener à la ruine, ou à la débilité, il en est sorti ce patrimoine qui va toucher à 50 millions...

Et dire qu'il y a des gens pour crier à la folie quand nous réclamons pour les caisses françaises un *minimum* de liberté, un essai de liberté facultative, réglementée, partielle ! Il leur reste une dernière retraite, à ces maniaques de gestion d'Etat : « quand même le libre emploi serait « admissible pour les grandes caisses, ce serait « la mort pour les secondaires. » Nous verrons ailleurs (et il n'en est point différemment chez tant d'autres peuples) qu'au contraire elles aussi, dans leur sphère, y puisent la vie. Mais pour les grandes la preuve me semble faite, et écrasante. Je me rappelle avoir pressé le comte Annoni de me donner en conscience son témoignage personnel sur une question si contestée chez nous, et dont la solution serait d'une si grave portée ; il fut formel. Maintien d'une juste proportionnalité entre les disponibilités et les emplois, loyale et incessante publicité des opérations et des situations, contrôle, sous ces conditions le régime de libre emploi sur place n'est pas comparable au nôtre. Il a fait de la Caisse de Milan la plus grande, la plus forte, la plus belle caisse d'épargne d'Europe. C'est le type porté à sa plus haute puissance. Quelle fut donc l'an passé, à Paris même, à l'Exposition d'Economie sociale, la seule caisse d'épargne privée qui ait reçu un grand prix du jury international ? Est-ce Paris, ou Milan ? Et comment le législateur français oublierait-il, ou feindrait-il de ne pas avoir compris, cette indication discrète, mais significative, des maîtres les plus compétents ?

Le programme de notre tournée dans la capitale économique de l'Italie nous ramenait, pour s'épuiser, à la coopération, à la coopération de crédit. Nous connaissions déjà deux sociétés à clientèle spéciale, pour les ouvriers la *Banca cooperativa Operaie*, pour les employés la *Banca cooperativa fra Impiegati e Professionisti*. Des institutions moins particularisées nous attendaient, la *Banca cooperativa Milanese*, et au plus haut échelon la *Banca Popolare di Milano*. Que nos lecteurs le remarquent, cela ne fait pas moins de quatre banques coopératives pour la seule ville de Milan, quatre de ces banques populaires que les Français déclarent irréalisables, et encore que parmi les quatre se trouve la plus considérable d'Italie, peut-être d'Europe.

Il ne faudrait pas croire d'ailleurs que la *Banca cooperativa Milanese* soit une institution petite ou précaire ; elle n'est modeste que relativement à sa grande sœur aînée, et nous serions fort heureux d'avoir chez nous de nombreuses banques populaires de cette importance, comme on va en juger.

Elle est installée rue San Giuseppe. Nous fûmes reçus par le comte Amman, président, MM. le chev. Biraghi, G. Colli, et d'autres conseillers. Je note parmi les *probi viri* Francesco Vigano, qui à 83 ans garde toute sa verdeur de foi coopérative. Le directeur, M. Arrigo Valentini, connu entr'autres publications par des études sur *le Mécanisme d'une banque populaire coopérative* et sur *le Crédit en Italie,* nous montre en détail les services. Je me rappelle notamment la garde des titres, qui est organisée dans de belles caves isolées des quatre côtés contre le feu. La *Banca* ne date que de sept ans. Au 1er janvier 1890, elle comptait 4,924 membres, et 63,856 actions ; le capital atteignait 3,192,800 l., et la réserve 388,292 l. Elle avait en 1889 escompté 75,925 effets, pour une somme totale de 38,939,117 l. Et elle répondait bien à son but, puisque 10,874 effets étaient inférieurs à 100 l., 19,983 allaient de 100 à 200 l. Comme ses pareilles, elle contribue à servir l'activité régionale sous la forme agricole comme sous la forme commerciale : ce jour-là, elle venait de réescompter 50,000 l. à la *Banca agricola Milanese.* Le mouvement général de caisse avait été pendant l'exercice clos de 117,404,794 l. Les dépôts, divisés en comptes-courants, épargne, et petite épargne, représentaient 4,183,769 lires. Les frais généraux, intérêts compris, et réescompte, et impôts, s'étaient élevés à 329,180 l. Le bénéfice net restait de 244,131 l.

Dans la hausse continue des résultats se reflète la marche progressive suivie ; et précisément parce qu'il s'agit là d'un type secondaire, l'exemple, moins distant de nos essais rudimentaires, nous laisse voir de manière plus encourageante comment se développent ces institutions. Après le premier exercice, qui avait duré sept mois, on avait gagné 38,223 l.; en 1884, 120,304 l.; en 1885, 158,890 l.; en 1886, 165,205 l.; en 1887, 195,086 l.; en 1888, 229,874 l. L'assemblée générale du 16 février 1890, en arrêtant le bénéfice de 1889 à 244,131 l., l'a réparti comme suit : 20 % à la réserve, 5 % aux employés, 3 l. de dividende aux actions de 50 l., dont le taux d'émission a été fixé pour cette année à 75 l. à raison de la plus-value acquise. On mettait en outre à la disposition du conseil d'administration 800 l. pour des œuvres de bienfaisance et 3,000 l. pour des prêts sur l'honneur, ce fonctionnement si curieux dont nous pourrons juger dans une mesure plus complète à la *Banca Popolare*.

Véritable participation aux bénéfices, le 5 % attribué aux employés n'a pas fourni moins de 12,206 l. Ces allocations sont portées à un fonds de *previdenza* en faveur des *impiegati e fattorini*. La caisse de *previdenza* a pour objet de faciliter au personnel la constitution d'un capital, et de pourvoir en cas de décès aux nécessités de la famille, ou à des besoins extraordinaires justifiés pendant la vie du titulaire. Elle comprend deux sections : un fonds commun, formé par les allocations que l'assemblée générale peut prélever jusqu'à concurrence de 5 % soit dans ce but, soit pour la bienfaisance ; un fonds individuel, formé par des retenues, 2 % sur les traitements (avec faculté de verser jusqu'à 5 %), 10 % sur l'allocation de l'assemblée générale, 20 % sur la première annuité de toute augmentation d'appointements. Les deux fonds s'accroissent de leur revenu, des donations ou legs, du produit de certaines déchéances. L'employé peut demander le montant de son solde créditeur au bout de 25 ans de services ou à 60 ans d'âge ; s'il meurt, la somme est remise à ses ascendants ou descendants directs, à sa veuve, à ses frères et sœurs. En tout autre cas, il ne reçoit que son fonds individuel, sauf le pouvoir du conseil de lui donner une indemnité sur le fonds commun. C'est en résumé une caisse du patrimoine sur le type français de Courcy, car les Italiens n'hésitent pas à emprunter à l'étranger ce qu'ils jugent bon. Le comité des *probi viri*, que nous n'avons pas, est un heureux rouage tout désigné pour vider les difficultés que l'application du règlement peut faire surgir.

J'ai retrouvé dans la *Banca cooperativa Milanese* un fait déjà signalé au cours de ce récit : elle n'a pas souffert de la crise actuelle. « C'est « vainement »,dit le conseil d'administration dans son rapport à l'assemblée générale de 1890, « que vous chercheriez dans le bilan des traces

« sensibles de la crise mémorable et si fâcheuse « qui a sévi depuis un an, et qui n'est pas ter- « minée. Aucune perte sérieuse » (en effet sur 39 millions d'escomptes, je relève 7,761 l. aux effets en souffrance, c'est 13 centimes pour f. 1,000 de risques). « Par contre, accroissement « des actions, des dépôts, des opérations, de la « réserve ; dividende suffisamment rémunéra- « teur, et remarquable eu égard à cette pé- « riode. » Le fait est que l'augmentation par rapport à 1888 existe sur tous les points : l'effectif des *soci* passe de 4268 à 4924, la souscription des actions de 58,547 à 63,856, le capital de 2,927,350 l. à 3,192,800 l. ; les dépôts s'élèvent d'un million ; le nombre des déposants, élément qui ici importe beaucoup, monte de 2,380 à 3,146. La nouvelle année n'a pas changé cette situation : le premier trimestre laissait 100,000 l. de bénéfices. Tout cela, malgré la gêne des affaires, quoiqu'il ait fallu se limiter pour ne pas être contraint de se livrer trop au réescompte qui d'une heure à l'autre pouvait être étranglé. Cette résistance des institutions coopératives au milieu de bien des chutes d'édifices plus forts en apparence, quelle preuve à leur actif !

Montons un degré de plus : nous voici devant la grande *Banca Popolare* de Milan. Entrons dans le palais qu'elle occupe rue San Paolo.

La première par l'importance entre les institutions italiennes de l'espèce, la seconde par la date, la *Banca Popolare di Milano* est établie dans un très bel hôtel qu'occupait la *Caisse d'épargne* avant de s'être bâti un palais. Nous y sommes reçus avec empressement par le conseil d'administration. Le président actuel est M. Max. Gramizzi, le vice-président M. Facheris ; parmi les administrateurs je trouve des avocats, MM. Mazzoni, Mezzi, Barbetta, des ingénieurs comme M. Dugnani, les docteurs Labus et Pisa, le comte E. Turati, parmi les *sindaci* MM. Ponti de l'*Unione* et Maglione de l'*Association des Employés*. L'homme qui amena la Banque au degré actuel de prospérité par son sens économique élevé, son amour du bien, son énergie, son autorité morale, Lisiade Pedroni, est mort l'an dernier ; il avait été le bras droit de Luzzatti, qui en a rendu sur sa tombe un témoignage éloquent, et sa mort fut un deuil pour la cité. S'il n'est plus là, il reste le dévoué secrétaire, M. F. Mangili, à qui a été décernée une médaille d'or de collaborateur à l'Exposition de 1889 ; et lui-même l'illustre fondateur, qui est demeuré président honoraire, se plaît à nous expliquer chaque rouage de la machine.

En vérité elle est solidement construite et montée. Au sommet, ce n'est pas moins de 130 ou 140 personnes qui lui fournissent à titre gratuit leur concours : un président et un vice-président composant ce qu'on appelle en Italie la *presidenza*, un conseil de 18 administrateurs, un comité d'escompte de 40 membres élus par une commission qu'a choisie l'assemblée générale, le comité des 5 syndics, le comité des 3 *probi viri*, un comité pour les prêts d'honneur formé de 50 membres que le conseil recrute dans les sociétés de secours mutuels, un comité consultatif pour les agences. Le personnel rétribué comprend un directeur, aujourd'hui M. Silvestri, un secrétaire du conseil, un secrétaire-adjoint, un inspecteur, un caissier et un sous-caissier, un chef comptable, un secrétaire de la direction, des chefs de bureaux, trois classes d'employés, des volontaires, en tout 72 agents, une dizaine de volontaires, 15 *fattorini*. Rien de plus intéressant à parcourir que les différents services : la comptabilité, l'escompte, les prêts aux associés, les reports, l'émission des chèques, les avances sur titres, les prêts hypothécaires, les comptes-courants, les dépôts d'épargne à 3 % et de petite épargne à 3 1/2 (avec livrets au porteur), la trésorerie et ses sept grands coffres à trois clés (pour le président, l'administrateur, le caissier), le bureau d'admission des sociétaires, les *cassette* ou cases de fer pour dépôt de titres, d'argent, de bijoux : sur 893 cases, 631 étaient louées, à 20, 30 et 40 l. par an, procurant plus de 40,000 l. de bénéfice annuel. Toute cette organisation est remarquable comme ordre, ingéniosité, rapidité, perfectionnement technique. Il était 5 heures après midi, la situation du jour était établie.

Voilà vingt-quatre ans que la *Banca* existe. Un petit groupe d'amis avait suivi celui qui proposa de la créer, Luigi Luzzatti, alors jeune professeur. Pour tout capital on avait 700 l., et dans une séance du congrès de Menton, M. Luzzatti nous disait : « je souscrivis 100 l., j'étais « le millionnaire de la bande. » Le 25 janvier 1866, on débuta dans un modeste local prêté ; les premiers employés n'étaient pas payés. Mais on avait la foi. Dépouillons maintenant le bilan au 31 mars 1890. Les *soci* sont plus de 16,000. Le capital s'élève à 8,295,300 l., divisé en 165,906 actions de 50 l., et la réserve à 4,147,650 l., ensemble 12,442,950 l. de fonds social. Les dépôts atteignent en comptes-courants 15,300,167 l., en livrets d'épargne et petite épargne 35,808,687 l. (on voit le chiffre à ajouter aux 433 millions de la *Cassa di Risparmio)*, en bons à intérêts 3,757,908 l., soit 54,866,762 l. ; je n'y comprends pas, bien entendu, 49 millions 1/2 de dépôts *a custodia*. Les escomptes et prêts ont représenté en 1889 une somme de 115,040,439 l. (au lieu de 156 en 1888), en 162,786 effets, dont 13,349 restaient au-dessous de 100 l. et 129,401 au-dessous de

1000 l., avec une moyenne de 706 l. 69. Le mouvement de caisse avait été de 1,796,044,724 l. Ici encore, et sur un instrument énorme, nous constatons le fait caractéristique déjà noté à plusieurs reprises : la Banque n'a pas réellement souffert de la crise actuelle, elle a simplement et par sagesse restreint ses escomptes.

Cette vaste entreprise est-elle une bonne affaire? Que donne-t-elle comme résultats à ses adhérents? Demandons-le à la liquidation des comptes de l'exercice 1889, tels que l'assemblée générale du 23 février 1890 les a arrêtés.

Ce bilan, il est facile de le réduire en quelques lignes générales, qui sont significatives. Les douze mois ont rapporté une somme brute de 4,320,505 l., dont les deux principaux facteurs sont le produit des escomptes, 1,125,352 l., et celui des intérêts sur les valeurs, 1,263,997 l. Il a été payé en intérêts sur les comptes-courants ou les dépôts d'épargne et en frais généraux 3,039,401 l., dont 258,820 l. d'impôts. Sur un total d'effets qui dépasse 121 millions de lires, la perte est de 65,196 l. Il est resté comme bénéfice net 1,281,104 l. On a attribué aux employés 118,200 l., à des objets de bienfaisance ou d'utilité publique 10,000 l., et aux actionnaires 1,152,028 l., soit un dividende de 7 l. par action de 50 l., ce qui représente 14 %. L'exercice 1889 a-t-il donc été exceptionnellement favorable ? Nullement, et nous savons que l'année a été pour le pays une année de crise. Nous n'avons qu'à remonter en arrière pour constater que ce sont bien là des résultats normaux : le dividende est en 1888 de 7 l. 60, en 1887 de 7 l., en 1886 de 6 l. 20 c., en 1885 de 6 l. 40 c., en 1884 de 6 l. 20 c., en 1883 de 6 l. 80 c., en 1882 de 7 l. 20 c., en 1881 de 7 l. 60 c., en 1880 de 7 l. 40 c.

Les associés, on le voit, ont placé leur argent à une moyenne élevée de revenu. Encore faut-il considérer que les bénéfices sont principalement le fruit d'opérations conclues à des conditions très modérées, ou d'emplois de l'argent en caisse qui à raison de leur solidité ont un rendement assez faible. Les bénéfices exceptionnels ne représentent qu'une proportion peu sensible sur le total.

On a accusé l'institution d'être moins populaire depuis qu'elle est devenue puissante. Je retrouve comme un écho de cette idée dans certaines recommandations faites au conseil par l'assemblée générale du 23 février 1890 d'élargir l'escompte du très petit commerce milanais. Le reproche n'est cependant pas fondé. Si la *Banca* aide les classes populaires au moyen du crédit basé sur l'épargne, cela n'implique point qu'elle doive s'abstenir de favoriser le commerce et l'industrie avec « l'exubérance » des capitaux que sous forme de dépôts la confiance publique met à sa disposition ; plus elle trouve de profit aux opérations de ce genre, plus elle a de moyens de supporter les pertes qui sont à peu près inévitables sur une masse d'affaires d'importance minime. Et puis comment mettre en doute le caractère populaire d'une association qui est autant société de secours mutuels et caisse d'épargne qu'établissement de crédit, formée avec des parts de 50 l., gratuitement administrée, comptant plus de 16,000 membres dont la grande majorité a une participation restreinte, qui reçoit 35 millions 1/2 d'épargne, qui en vingt-quatre ans a fait pour des milliards d'opérations infiniment fractionnées et pour la plupart de petite importance, qui a distribué des millions sous forme de participation à ses employés et de subventions à des œuvres de prévoyance ou de bienfaisance ?

Pour rendre évidente et comme palpable l'espèce de loi de progression que suivent ces institutions sagement administrées, condensons en un tableau, avec les bénéfices, les autres éléments essentiels du développement de la *Banque Populaire de Milan* depuis son origine. Vingt-quatre années, *grande ævi spatium* déjà, c'est une durée d'expérience dont il est difficile aux plus sceptiques de méconnaître la portée et la force de leçon.

EXERCICES	SOCIÉTAIRES	ACTIONS	CAPITAL	RÉSERVE	ESCOMPTES	DÉPOTS	MOUVEMENT DE CAISSE	BÉNÉFICES NETS	DI
1866-67	1.153	4.354	L. 247.700	L. 7.902	L. 687.606	L. 341.521	L. 10.957.089	L. 16.030	L.
1867-68	1.523	6.363	318.150	21.850	1.314.033	670.150	23.087.178	40.322	
1868	1.742	8.524	426.200	58.097	1.926.367	1.022.143	31.997.574	55.251	
1869	2.004	13.604	680.200	146.162	5.306.100	1.429.693	79.319.049	93.579	
1870	2.492	29.706	1.485.300	430.128	7.828.058	2.908.471	117.155.828	160.517	
1871	4.200	105.642	5.282.100	2.192.213	19.875.179	8.096.843	328.153.520	570.100	
1872	9.873	138.129	6.906.450	2.898.444	39.839.842	13.857.772	779.127.585	600.310	
1873	10.203	139.306	6.965.300	2.925.426	52.975.024	12.155.342	951.427.391	811.488	
1874	9.742	140.884	7.044.200	2.958.564	85.998.575	30.678.307	1.226.386.112	869.355	
1875	16.481	143.825	7.191.250	3.020.325	80.298.602	33.603.892	1.211.187.970	1.049.252	
1876	12.082	148.174	7.408.700	3.111.654	84.556.157	40.111.926	1.234.816.951	1.051.756	
1877	13.157	152.773	7.638.650	3.208.233	117.943.266	47.710.723	1.395.074.334	1.081.064	
1878	13.437	153.416	7.670.800	3.221.736	108.121.411	53.986.430	1.464.697.853	1.010.796	
1879	13.636	153.937	7.696.850	3 232.677	92.338.975	47.340.335	1.379.534.800	1.152.366	
1880	14.282	154.800	7.740.000	3.250.800	96.094.828	45.092.980	1.505.999.206	1.236.768	
1881	14.557	155.605	7.780.250	3.267.705	99.856.441	47.535.294	1.512.653.634	1.294.181	
1882	15.022	157.832	7.891.600	3.314.472	122.332.073	51.372.058	1.733.588.674	1.231.552	
1883	15.159	158.944	7.947.200	3.348.699	108.985.982	53.609.954	1.778.261.445	1.170.146	
1884	15.287	159.633	7.981.650	3.990.825	104.509.245	56.801.532	2.056.949.131	1.073.068	
1885	15.405	160.357	8.017.850	4.008.925	101.597.322	51.560.508	1.674.946.061	1.125.848	
1886	15.553	161.259	8.062.950	4.031.475	109.701.120	55.739.805	1.572.700.282	1.100.472	
1887	15.715	162.579	8.128.950	4.064.475	136.088.556	55.207.245	1.733.907.163	1.259.253	
1888	15.930	163.854	8.192.700	4.096.350	156.975.640	59.222.001	1.801.750.002	1.378.432	
1889	16.392	165.294	8.264.700	4.132.350	115.040.439	54.477.292	1.796.044.724	1.281.104	

Dans cette sorte d'histoire d'une institution par les chiffres, il y a des heures de marche plus ou moins rapide, des ralentissements et des poussées, un véritable bond de 1870 à 1874, où l'on passe de 2492 adhérents à 9742 et de 117 millions comme mouvement de caisse à 1200; la période décennale 1870-80 présente naturellement un recrutement de beaucoup plus large que celle de 1880-90, puisque le gros de ce que j'appellerais la matière affiliable dans la population est maintenant enrôlé. Mais remarquez les colonnes des actions, du capital, du fonds de réserve : pas un recul ni même un arrêt, plus ou moins accélérée l'augmentation est ininterrompue. Cette montée régulière, plus instructive que tous les plaidoyers théoriques, quel exemple propre à encourager les Français qui enfin voudraient s'efforcer d'initier notre peuple au crédit coopératif !

Quelles ont été les causes de cette réussite éclatante ? Il n'est pas indifférent de le noter.

Gardons-nous ici de l'unique, de l'éternel et invariable argument que la routine oppose en France à tout exemple de l'étranger, à tout vœu de progrès pratique dans des voies non frayées : « si on a réussi à Milan, c'est que les circons-« tances ou les mœurs s'y prêtaient, c'est que « le crédit coopératif est dans l'esprit ou le « caractère de la race. » Evidemment il y a eu de la sympathie autour de la *Banque Populaire de Milan;* mais il y eut aussi à l'origine bien du scepticisme, et plus d'un suivit M. Luzzatti pour lui faire plaisir, ou comme on s'associe à une œuvre de bienfaisance. Les circonstances ? Mais ce n'est pas à Milan seulement que le succès est venu; c'est dans toute l'Italie, qui compte 700 banques coopératives. La race ? Mais il y a 530 de ces institutions en Hongrie, 1464 en Autriche, de 8 à 900 en Russie, plus de 3000 en Allemagne; rien diffère-t-il pourtant davantage de l'esprit ou du caractère italien que l'esprit ou le caractère des Hongrois, des Autrichiens, des Russes, des Allemands ? L'intelligence du crédit coopératif, tous les peuples peuvent l'avoir, il n'y a qu'à l'acquérir.

Avant tout, le succès de la *Banca Popolare di Milano* est dû au courage intellectuel et à l'action énergique des hommes d'initiative et de foi qui donnèrent à leurs concitoyens cet enseignement pratique et une fois de plus prouvèrent le mouvement en marchant, à la science et à l'éloquence persuasive d'un Luzzatti, à la ténacité, à la prudence, à l'habileté des Pedroni et des Mangili. D'autres raisons expliquent la rapide et considérable fortune de l'établissement. C'est la simplicité des débuts. C'est la rigueur à se maintenir dans le cercle tracé, la fidélité aux principes. C'est une excellente organisation.

C'est une certaine éducation économique du milieu (mais si nous ne l'avons pas, la faute en est à nous), éducation imputable à la liberté et à la décentralisation d'emploi de l'épargne ; c'est de même le fait de ne pas trouver devant soi la masse des capitaux populaires noyée dans la Dette d'Etat. C'est l'effort patient qui sans cesse accrut, avec le capital, le nombre des clients et des propagandistes. C'est la facilité de l'aide et du réescompte auprès de la *Banque Nationale*. C'est la modestie du programme, grâce à laquelle par exemple, en 1871, lors des délires du crédit, on sut résister à ceux qui voulaient fermer les portes et faire du crédit populaire un privilège. C'est, d'une manière générale, l'heureuse union de l'esprit d'affaires avec les sentiments d'une véritable, d'une pratique philanthropie.

Par son influence sur la législation, et par le type qu'elle fournit, la *Banca Popolare di Milano* a posé en Italie les bases de la coopération de crédit : non limitation du capital, modicité de versements successifs, admission des sociétaires par le conseil ou l'assemblée, unité de vote quel que soit le nombre des parts, limitation du nombre d'actions qu'un sociétaire peut posséder, actions nominatives et non transmissibles sans l'agrément de la société, publicité des bilans, contrôle continuel d'un comité élu.

Ses statuts, révisés et modifiés en 1871, en 1878, en 1883, ont été en 1875 traduits en français par M. F. Vigano (Cannes, impr. Vidal). Nous en recommanderions l'imitation comme de statuts-modèles, si M. Luzzatti n'avait, à Menton, exprimé le noble regret de n'y avoir pas assigné une limite au dividende. « Je me préoccupai « trop, dit-il, des gens soi-disant pratiques qui « nous accusaient d'utopie et prédisaient la « faillite; pour attirer les capitaux, j'admis le « dividende illimité. Nous avons trop réussi. « Pour sauvegarder l'idéal de l'institution, ce « n'est pas des pertes qu'il faut nous garer, « c'est de l'excès des gains. » Le type du maître serait une banque à dividende fixe, le surplus des bénéfices allant à la réserve ; quand celle-ci aurait doublé le capital, on rembourserait les actions, et avec les profits ultérieurs, on réaliserait de grands objectifs philanthropiques, retraites pour la vieillesse, etc.

Des règlements divers ont complété les statuts : sur les livrets d'épargne (1873-1879) et de petite épargne (1879), sur les prêts, escomptes et encaissements (1874), sur les opérations dites extraordinaires (1878), sur l'émission et le transfert des parts (1878-1884), sur les bons à intérêts et à échéance fixe de quatre à douze mois (1881), sur les comptes-courants (1884-1886), sur les dépôts *a custodia* de titres, manuscrits ou objets précieux (1880), sur les dépôts en *cassette* (1881-1886). D'autres encore traitent du fonds de prévoyance en faveur des employés, des prêts sur l'honneur. Ces règlements, établis avec une technique sûre, rédigés avec une précision savante, sont l'œuvre de l'expérience consommée de MM. Pedroni et Mangili.

Ce qui me paraît être le grand caractère de la *Banca Popolare di Milano*, en dominer l'histoire, fournir comme je l'ai dit une justification essentielle de sa fortune, c'est le rare mélange de sagesse commerciale et de larges vues morales qui a présidé à son évolution. Je ne crois pas inutile de montrer des exemples du premier de ces mérites dans ce que la *Banca* appelle ses opérations extraordinaires et dans l'emploi de ses capitaux, des exemples du second dans le patronage des employés, les prêts sur l'honneur, la quotité de bénéfices attribuée au bien social.

Ce sont en effet deux points où l'on voit bien sur le fait l'esprit pratique de la *Banca Popolare di Milano* que ses opérations extraordinaires et l'emploi de ses capitaux exigibles.

Elle a résolu avec un véritable sens financier, par une distinction fort juste, la question délicate de savoir si une coopérative de crédit peut opérer avec des non-sociétaires. Les uns répondent négativement, opposant les principes stricts, ne tenant compte ni de la nécessité de vivre ni du parti adopté par tant de coopératives de consommation. Les autres, comme la prospère *Banque populaire Suisse*, s'ouvrent absolument au public, considérant que plus on gagne avec les non-sociétaires, plus on peut diminuer l'escompte aux sociétaires et leur distribuer des bénéfices. A Milan un système plus heureux a prévalu. Avant tout il faut servir les *soci* par l'escompte, les prêts, les avances sur titres, etc. (art. 16 des statuts), car à eux revient le capital coopératif. Puis, sur les fonds exubérants, qui résultent surtout des dépôts (ouverts, cela va de soi, à tout le monde), on fait, dans l'intérêt même des *soci*, des opérations dites extraordinaires avec les non-associés (art. 23) : escompte aux banques populaires, aux instituts de crédit, aux maisons notoirement sûres, sur deux signatures, à six mois au plus, dans des limites fixées par une commission de 15 membres, avances sur nantissement, reports avec la même clientèle, escompte et achat de bons du Trésor, des provinces ou des villes, prêts hypothécaires, avances sur certaines marchandises. Un règlement entoure de garanties sévèrement précisées ces opérations.

Avec la même prudence, des règles constantes ont été suivies pour l'emploi des capitaux : équilibre entre les exigibilités et les disponibilités, qualité du papier, variété et brièveté des placements. La Banque n'a d'immobilisé en biens fonciers qu'1 million. Après l'escompte, le mode d'emploi préféré est l'achat de valeurs d'Etat ou garanties par l'État, et de villes : ce chapitre a sa comptabilité, les gains et les pertes en sont passés à l'actif et au passif de chaque exercice comme s'ils étaient réalisés effectivement. Au 1er janvier 1890, la Banque avait 17 millions en papier, surtout de petit commerce ou de petite industrie, 2 en avances garanties par des effets publics, 15 1/2 en reports et crédits garantis, et plus de 25 en valeurs d'Etat (rente 5 °/o, obligations ecclésiastiques, emprunt pontifical, emprunt Rothschild, obligations de chemins de fer garanties par l'Etat). Voilà 69 millions mobilisables comme représentation de 54 en dépôts et comptes-courants, et l'institution obéit à ce principe essentiel, tenue des ressources rapidement réalisables au niveau des engagements.

Ainsi la gestion, pour avoir un but philanthropique, ne s'est pas crue dispensée de se conformer aux saines lois des affaires. Mais elle a prouvé d'autre part que l'élévation, la générosité des idées directrices, loin d'empêcher le succès, le servent, l'affermissent.

Appelée par la force des choses à devenir le centre de la coopération de crédit en Italie, la *Banque Populaire de Milan* n'hésita pas, dès le début, à nouer des rapports avec les établissements similaires qui se créaient. Ce ne furent d'abord que des services de paiement ou d'encaissement. Puis, à mesure qu'elle devint plus solide, et qu'elle obtint la publicité de situations scrupuleuses, elle élargit progressivement son action en ce sens. Elle préféra même nettement à une extension propre par des agences le développement par ce concours sous toutes les formes à des banques locales autonomes et par la réciprocité des services. Les relations avec les banques populaires et correspondants, qui se chiffraient en 1870 par 1,550,559 l., représentaient déjà en 1880 197,140,206 l., et dépassent fin 1889 223 millions, avec 320 correspondants.

Pour son personnel, la Banque a agi de deux façons : par une participation aux bénéfices, qui pour 1889 donne 118,200 l., et par une caisse de prévoyance, organisée en 1876 sur le type français Alfred de Courcy comme le proclame loyalement le règlement spécial publié. Le conseil administre cette caisse. Les comptes individuels y comprennent un fonds indisponible, pour le cas de mort ou de retraite après 25 ans de service ou à 60 ans d'âge, et un fonds disponible, dont une fraction peut être remise en cas de nécessité au titulaire. Le premier est alimenté par un prélèvement sur la quotité des bénéfices attribuée à l'employé et par ses versements facultatifs ; il est placé en rentes ou en obligations municipales de Milan. Le second est formé par une dotation initiale de 16,000 l., les dons ou legs, des retenues de 2 % sur les traitements et de 25 % sur les deux premières années des augmentations; il reste en compte-courant, avec intérêt de faveur. L'ensemble des deux fonds, qui déjà en 1880 atteignait 47,998 l., s'élève le 1er janvier 1890 à 364,017 l. On a demandé, à la récente assemblée générale, un troisième mode de patronage, la fondation d'une caisse des retraites : si cette idée aboutit, qu'on use parallèlement des deux caisses, mais sans substituer l'une à l'autre, c'est la meilleure méthode.

Les prêts sur l'honneur, qui aux yeux des Français sont encore une pure chimère sentimentale, datent de 1878 à la Banque. Un art. 24 des statuts porta que sur la proposition du Conseil, l'assemblée générale pourrait affecter à cet objet une somme chaque année. On sait l'admirable but de ces prêts : récompenser chez les humbles la moralité jointe à la volonté de travail, faire appel à la dignité et à l'effort en accordant confiance sans garantie, œuvre distincte de la pure charité et de l'aumône. Ici on fait crédit à de très faibles intérêts, ailleurs gratuitement. La Banque demande que le postulant ait donné une preuve préalable de prévoyance soit par l'inscription parmi ses membres, soit par l'affiliation à une société de secours mutuels. Les prêts sont très minimes, et ne dépassent jamais 200 l. Ils sont remboursables dans les six mois, sauf délai accordé à raison des circonstances. Le fonds qui leur est consacré fut d'abord de 10,000 l. ; il est monté à 40,000 l. Pour l'administrer, la Banque s'en est maintenant remise à la *Banca cooperativa Operaia*. l'estimant plus en contact avec les couches nécessiteuses. Il restait au commencement de 1889, sur les 40,000 l., 16,934 l.; la *Banca Operaia* en ayant encore 7,000 au 31 décembre, on n'a pas proposé de crédit nouveau. Il n'y avait pas eu de pertes pendant l'année ; je ne crois pas qu'elles aient dépassé 10 % en douze ans.

A tous ces actes de libéralité intelligente, il nous faut joindre, avec les services pour la petite épargne, la garde gratuite ou presque gratuite des patrimoines des sociétés de secours mutuels, les prêts à intérêt de faveur pour la construction d'habitations ouvrières (500,000 l. en 1878 pour un vaste bâtiment destiné à 500 familles, plus tard 55,000 l. pour des maisons isolées). Enfin, d'après l'art. 27 des statuts, la Banque applique une partie de ses bénéfices annuels à des œuvres de bienfaisance ou d'utilité publique. L'assemblée du 23 février 1890 a réparti de la sorte une somme de 10,000 l. ; c'est, en petit, quelque chose d'analogue à la liste que j'ai donnée pour le dernier emploi du *fondo erogabile* de la *Caisse d'épargne de Milan*. Que de concours, agissant simultanément, pour aider au bien social, aux efforts, aux initiatives !

La *Banca Popolare di Milano* a mérité sa haute et exceptionnelle fortune. Qu'elle continue à avancer par les voies qui l'y ont conduite, à écouter les conseils de son illustre fondateur, à observer son programme avec fidélité : ce sont les seuls vœux que puissent former ceux qui en ont admiré la marche et parcouru l'histoire.

Ne la quittons pas sans dire quelques mots de la société d'assurances mutuelles sur la vie, dont, avec la *Caisse d'épargne*, elle fut la promotrice, la *Popolare*, et à ce propos, de l'assurance dans l'intérêt du peuple à Milan.

L'assurance, quel intérêt pour le peuple ! Si elle est utile à quiconque détient du capital formé, ou à tout homme pour qui l'existence est une valeur, ne serait-elle pas une nécessité au ménage dont la vie du chef est toute la valeur et l'unique bien, ou dont l'avoir rudimentaire, humble toit ou pauvre mobilier, détruit par l'incendie, ne peuvent être reconstitués ? Il me semble que cette idée ne frappe assez jusqu'à présent dans notre pays ni les masses ouvrières, ni ceux qui cherchent à en améliorer le sort.

Le plus urgent besoin pour la famille qui n'a que le salaire de ses membres actifs, c'est l'assurance sur la vie. Tel est bien l'objet que la *Popo-*

lare s'est proposé de réaliser, et par la coopération. Sont associés tous ceux qui contractent avec elle une assurance à leur profit ou en faveur d'un tiers ; la police qu'ils signent forme, avec les statuts, leur loi; la responsabilité soit envers leurs co-associés, soit avec les tiers, se limite au montant des primes qu'ils se sont engagés à acquitter. L'ensemble de ces primes sert à payer les sommes assurées, à couvrir les frais d'administration, à asseoir une réserve. Les associés toucheront à l'échéance, par eux-mêmes ou par leurs ayants cause, le capital assuré; et en outre 67 °/₀ des bénéfices annuels (le reste étant prélevé pour la réserve, le conseil, les employés, les auxiliaires des extensions) leur sont distribués, ou plutôt remboursés, au prorata de leurs primes.

La *Popolare* date de 1888. Pour lui permettre de naître et d'attendre l'établissement d'une réserve, la *Banque Populaire* et la *Caisse d'épargne* de Milan (voilà que reparaît le rôle fécond des caisses d'épargne libres) souscrivirent, suivies par d'autres institutions de ces deux ordres, un fonds de garantie de 250,000 l. Ce n'est pas moins de 100 banques populaires qui y concoururent, deux autres à Milan, puis Bergame, Bologne, Brescia, Brindisi, Crémone, Faenza, Imola, Lodi, Lonigo, Mantoue, Messine, Naples, Novare, Padoue, Palerme, Pesaro, Plaisance, Pieve di Soligo, Pise, Rome, Rovigo, Reggio Emilia, Syracuse, Terni, Turin, Udine, Vérone, Vicenza, et bien des banques secondaires, avec les caisses d'épargne d'Acquapendente, Corleone, Ficarolo, Plaisance, Pallenza, Sinigaglia, Teramo, Terni, Udine, Venise, Vercelli. Les instituts ainsi garants, représentés par trois délégués, ne sont tenus à versement que dans le cas où la réserve ne suffit pas, et versent proportionnellement à leur quote-part, pour être remboursés par des prélèvements sur les bénéfices ; leur garantie diminue dans la même proportion à mesure que croît la réserve, et s'éteint dès que la réserve atteint 250,000 l.

En tête de cette nouvelle œuvre de la coopération, je retrouve M. Luzzatti, entouré des *leaders* les plus qualifiés de ce grand mouvement, son collègue à la Chambre et son collaborateur dans la direction de l'*Association des Banques populaires* ou de la revue *Credito e Cooperazione,* M. Maggiorino Ferraris, esprit éminent, son beau-frère M. Ettore Levi, secrétaire-général de la *Banque nationale Toscane,* auteur d'un excellent *Manuel des banques populaires italiennes* (Milan, Reggiani, 1886), MM. R. Pavesi, Mangili, Pietro Manfredi, E. Cavalieri, etc., tous hommes d'action autant que de doctrine.

Les opérations de la *Popolare* comprennent

l'assurance en cas de mort, soit avec prime unique au jour du contrat, soit avec primes annuelles divisibles par mois pour un nombre déterminé d'années, et l'assurance mixte, payable à terme convenu si l'assuré est vivant ou immédiatement à son décès. Les tarifs sont scientifiquement adaptés aux diverses hypothèses de ces systèmes. L'art. 13 des statuts fixe à 30,000 l. le maximum du risque en cas de décès pour lequel la société assure sur une seule tête ou sur plusieurs têtes réunies par un même contrat; après cinq ans de durée, l'assemblée générale révisera ce chiffre, qui semble d'accord avec le but spécial de l'entreprise. Les capitaux sont employés en immeubles, prêts hypothécaires, valeurs de l'Etat ou garanties par l'Etat, obligations des instituts italiens de crédit foncier ou agraire, avances sur titres de cette nature, dépôts dans les caisses d'épargne ou sociétés de crédit, reports sur valeurs d'Etat, dans une mesure fixée et sous certaines conditions escompte avec des instituts de crédit ou des maisons sûres. Les tarifs sont inférieurs à ceux de toutes les autres sociétés de l'espèce en Italie. Les primes peuvent être payées par mois, et au moyen de livrets, par versements libres à partir de 1 l. Les dividendes distribués au prorata des primes comme restitution d'épargne peuvent être laissés soit comme paiement anticipé, soit pour élever le capital assuré ou réduire les primes futures. Des accords de faveur sont conclus avec les sociétés de coopération ou de prévoyance.

A côté de la *Popolare,* voici contre l'incendie la *Societa cooperativa Italiana per l'assicurazione contro l'incendio.* Elle ne remonte qu'au 30 mai 1889, n'a commencé de fonctionner que le 1er septembre, et le compte-rendu à l'assemblée générale du 2 mars 1890 accusait 3,829 actionnaires, 53,405 actions de 100 l., un capital de 5,340,500 l. versé pour les 3/10, une réserve de 281,505 l. La taxe d'admission qui était de 5 l. à la souscription, avait été supportée au taux de 10 l. par 2,956 actions. Ces chiffres indiquent la faveur qui accueillit la fondation de la société. Au bout de six mois elle avait déjà conclu 1,075 contrats, pour plus de 62 millions de l. Après avoir d'abord limité ses opérations aux *soci,* elle a été conduite à sortir de ce cercle par les mêmes raisons que l'on retrouve un peu dans tous les domaines de la coopération. Sur les bénéfices, 20 °/₀ sont attribués aux actionnaires, et 25 °/₀ (ce sera plus tard 40 °/₀) aux assurés proportionnellement aux primes, comme restitution d'épargne sur leurs paiements.

Enfin c'est encore, nous l'avons vu, avec l'aide puissante de la *Caisse d'épargne de Milan* qu'a pu surgir en 1883 la grande institution dont l'objet est l'assurance des accidents du travail, la

Cassa Nazionale d'assicurazione per gl'infortuni degli Operai sul lavoro ; et c'est à Milan, dans le palais même de la *Caisse d'épargne*, qu'en est le siège central, qu'en délibère le conseil supérieur. La direction y est exercée par le d[r] R. Fabris. Les autres instituts fondateurs furent les caisses d'épargne de Turin, Venise, Bologne, Gênes, Rome, Cagliari, avec le *Monte dei Paschi* de Sienne, les *Bancos* de Naples et de Sicile. Ils souscrivirent un fonds de garantie de 1,500,000 l., et assumèrent le service ; l'Etat se bornait à la franchise postale, à la gratuité des bureaux de poste, à l'exonération des impôts. Ainsi il fut possible d'abaisser au minimum les primes d'assurance. Ce sont les délégués des instituts fondateurs qui composent le conseil supérieur. Nous engageons ceux de nos lecteurs qui seraient curieux de connaître par le détail cette originale solution d'un problème grave et difficile à lire les deux volumes publiés à Rome en 1884 sous le titre *Atti per l'istituzione della Cassa Nazionale d'assicurazione per gli Operai contro gl'infortuni sul lavoro :* ils y trouveront les dires éloquents et solides de M. Luzzatti, négociateur choisi par l'Etat, et du comte Annoni qui présidait, les études pour l'établissement des tarifs, la convention du 18 février 1883 et la loi du 8 juillet 1883 qui la ratifia, les procès-verbaux des discussions, les tarifs des primes et des indemnités, toute une gerbe de précieux documents annexes.

La Caisse suit régulièrement ses destinées. En 1889 l'augmentation par rapport à 1888 a été de 45, 46 °/o quant au nombre des ouvriers assurés, 49, 73 °/o quant aux primes, 49, 16 °/o quant aux indemnités. En six ans, elle a émis 6,389 polices, assuré librement 253,392 ouvriers, en chiffres ronds pour 267 millions de l. contre la mort, pour 267 millions contre l'infirmité permanente, pour 250,000 l. seulement contre l'infirmité temporaire ; elle a liquidé 10,000 accidents, payé plus de 500,000 l. d'indemnités. Les frais d'administration, qui se répartissaient entre les instituts fondateurs jusqu'à mars 1889 et sont maintenant supportés par la Caisse, sont d'une modicité remarquable ; ils n'ont pas dépassé 50,881 l. en 1889. Au 1er janvier 1890, le fonds de garantie et le patrimoine représentaient ensemble 1,550,380 l., placés en rentes et bons du Trésor. Tout cela, il faut en tenir compte, est exclusivement l'œuvre de la pure liberté, sans intervention de l'Etat, sans obligation.

Belle institution, issue encore de la liberté des caisses d'épargne, et qui, au lieu de nos types de caisses d'Etat à conseils de fonctionnaires ou de députés agréables, nous présente une puissante construction assise sur les forces d'une décentralisation vivante, offerte à l'Etat par des institutions libres et gérée par elles ! Un grand prix lui a été décerné l'an dernier par le jury international de notre Exposition d'Economie sociale. Elle couronne par une œuvre nationale les œuvres d'assurance populaire que nous venons de voir.

C'est un cycle singulièrement complet et touffu d'institutions de prévoyance que Milan avait développé sous nos yeux. En quittant la grande cité lombarde pour Bologne, nous ne pouvions que la saluer, avec une admiration mêlée d'envie, comme un centre d'une richesse extraordinaire pour le progrès d'une démocratie qui travaille à son mieux-être non par la vaine politique, mais par l'union et l'effort intelligent.

V

Bologne.

Le train-éclair nous amène le matin à Bologne. Ici encore les chefs des institutions que nous nous proposons d'étudier se sont portés galamment à notre rencontre, et nous souhaitent la bienvenue à la descente du wagon. C'est le comte Franc. Isolani, président de la *Banca Popolare di credito*, assisté du directeur, M. V.

Sani, et de l'un des syndics, le prof. L. D'Apel. C'est pour la *Società cooperativa degli Operai* M. G. Gaiani, pour la *Cassa cooperativa di credito della Società operaia maschile* M. E. Pini. Voici MM. Roffi, della Noce, L. Viscardi pour la *Banca cooperativa per gli Operai e la piccola industria*, dont le président, M. A. Rava, a pris part au congrès de Menton et veut bien nous accompagner depuis lors : à celui-là je dois un souvenir particulier pour m'avoir à Paris, en septembre 1889, par son mérite sérieux que sa modestie relève, inspiré le désir de voir de près les œuvres économiques bolonaises. Dès cette arrivée dans la vieille cité dont la science européenne fêta naguère l'Université antique et fameuse, une idée me saisit tout de suite, celle de la place qu'y ont prise auprès des choses du passé et des spéculations de l'idée pure les questions les plus réalistes de notre fin de siècle et de l'avenir.

C'est par la *Banca Popolare di credito in Bologna* que commencent nos visites. Nous sommes reçus dans le bel hôtel qu'elle occupe par le conseil d'administration tout entier : autour du comte F. Isolani, un de ces fils d'une aristocratie intelligente que je retrouve partout mêlée aux autres classes et rajeunie dans le progrès, des avocats, MM. Léon Carpi et E. Silvani, les d^rs G. Merlani et G. Calzolari,

MM. L. Kluftinger, E. Casali, etc. Par une de ces courtoisies délicates qui nous ont suivis à toutes les étapes du voyage, on a fait imprimer dans la nuit une situation arrêtée la veille au soir, et on nous la distribue, portant ces mots *Omaggio ai signori delegati delle Banche popolari francesi;* sous cette même dédicace on offre à chacun de nous un volume élégamment relié, dans lequel ont été réunis à notre intention en un recueil factice les statuts et leurs textes successifs, les règlements, les comptes-rendus, les documents-types, la constitution du *Gruppo regionale Romagnolo delle Banche popolari*, un mémoire présenté à l'Exposition Emilienne de 1888. M. Vincenzo Sani, qui remplit avec une rare compétence les fonctions de directeur depuis 1872, nous fournit toutes les explications que nous pouvons souhaiter; il s'exprime en italien, mais sa parole lente et harmonieuse est d'une si pure lucidité que même à ceux qui ne sont pas familiers avec la langue, elle laisse la pensée transparaître.

Il y a vingt-cinq ans qu'existe la *Banca Popolare di credito in Bologna :* elle est à peu près contemporaine de celle de Milan. L'honneur de la fondation doit être rapporté à une association d'ouvriers manuels créée en 1861, la *Società Operaia*, dont l'objet propre était les secours mutuels, mais dont le programme embrassait tous les moyens d'améliorer la condition économique, morale ou intellectuelle des travailleurs, et était même mêlé de patriotisme unitaire. Au printemps de 1864, le marquis L. Pizzardi y présidait un comité d'instruction, qui donnait des cours et des lectures le dimanche. Deux de ces lectures, faites par le prof. A. Vivenza, qui dirigeait les écoles municipales du soir, furent consacrées aux institutions de crédit mutuel ; la conclusion engageait la *Società Operaia* à promouvoir une banque sur le modèle que M. Luzzatti venait de décrire dans son livre *La diffusione del credito e le banche popolari*. Un comité d'initiative se forma, ayant à sa tête le marquis Pizzardi, sénateur ; on y remarquait, à côté du président de la *Società Operaia*, le marquis Pepoli, député, le comte Malvezzi, M. V. Sani, le prince Simonetti, sénateur. Une souscription publique fut ouverte le 1er mars 1865, un décret d'autorisation intervint. Le 1er février 1866 la *Banca* ouvrait ses guichets, et M. Luzzatti venait faire à Bologne une de ses entraînantes conférences. 1594 actions étaient souscrites, pour un capital de 96,640 l., dont 53,594 l. versées. — Au 20 avril 1890, la Banque compte 5,000 *soci*, qui détiennent 20,897 actions de 60 l.

Le capital à cette date s'élevait à 1,253,820 l., effectivement versées. La réserve, égale à peu de chose près puisqu'elle atteint 1,103,071 l., est divisée en *stabile* et *eventuale :* la *stabile* ou ordinaire, alimentée par un prélèvement de 25 °/o sur les bénéfices annuels, dépasse 970,000 lires; l'*eventuale* est formée en fin d'exercice par la plus-value des valeurs, sauf à être réduite de la baisse. Le patrimoine social comprend en outre des fonds spéciaux, que les assemblées générales ont constitués en vue d'objets déterminés de patronage ou de bien social. Les dépôts, au 20 avril 1890, se totalisaient par 14,710,242 l. Ils sont de diverses sortes, dépôts d'épargne à 3.25 °/o, dépôts de petite épargne à 5 °/o, dépôts de sociétés de secours mutuels à 6 °/o, comptes-courants disponibles à 3 °/o, bons à intérêts à échéance de six mois à 3 1/2 °/o, dépôts libres sans intérêts. Il y a en outre pour 2,806,834 lires en dépôts de valeurs.

Ces 14 millions de dépôts (nous en trouverons 32 à la *Cassa di Risparmio,* et nous sommes ici dans une ville de 120,000 âmes) sont représentés par le portefeuille et les placements de tout repos. Le portefeuille contenait en ce moment 8,561,223 l., dont 7,080,418 l. en effets et billets à ordre à trois mois au moins, 945,481 lires en effets à plus longue échéance, 535,333 lires en avances sur titres. Plus de 6 millions étaient employés en valeurs de l'Etat, des communes, de crédit foncier. La Banque s'applique à mettre des capitaux à la disposition du petit commerce, de la petite industrie, de l'agriculture, au meilleur marché possible ; le taux de ses avances est inférieur à celui de la *Banque Nationale*, 5 1/4 % au lieu de 6. Pourquoi ? Parce qu'elle n'a pas besoin de réescompte, vivant sur ses fonds à elle et sur les dépôts que lui apporte la confiance publique. Elle a plutôt surabondance d'argent, et en offre aux autres banques populaires. Elle est devenue une manière de banque centrale sans en prendre le titre. Elle a pour correspondants 300 banques coopératives, dont une cinquantaine trouvent auprès d'elle le réescompte à un taux de faveur : en 1889, elle a fait ce réescompte à 4 1/2, pour 19 millions environ.

Grâce aux analyses et aux statistiques soigneuses dues à une direction très éclairée, nous pouvons ici observer un exemple de la clientèle servie et des besoins satisfaits. Il n'est pas superflu d'y pénétrer un peu avant.

C'est un point acquis, partout où la coopération de crédit est acclimatée, que le principal noyau de sa clientèle est formé par les petits patrons et les petits commerçants. Il n'en va pas différemment ici. Les *soci* de la *Banque Populaire de Bologne* se décomposaient au 1er janvier 1890 comme suit : 1933 petits commerçants ou petits industriels, 858 employés, 305 personnes sans métier déterminé ou mineures, 72 instituteurs, 921 petits propriétaires, 261 ouvriers, journaliers et salariés, 53 petits fermiers, 12 cultivateurs, 7 coopératives ou mutualités, soit 4422 sur 5021 affiliés. 3767 actionnaires ne possédaient que 1 action, 433 n'avaient que 2 actions. Ainsi c'est surtout avec le concours des couches les moins aisées de la population que la Banque a constitué son capital. Quant aux affaires, sur 42 millions 1/2 de l. d'escomptes faits pendant l'exercice 1889, près de 20 l'avaient été au bénéfice des classes les plus modestes, 8 avec la petite industrie ou le petit négoce, à peu près autant avec les banques populaires ou des caisses d'épargne, plus de 4 avec l'agriculture, 759,000 l. avec des ouvriers.

Le même esprit de méthode et de consciente observation qui a dicté ces recherches, je l'ai retrouvé dans toutes les parties de l'institution. Les statuts de 1865 ont été révisés plusieurs fois, en 1869, en 1871, en 1884 ; le texte en vigueur est un modèle de précision, de savoir technique, et de clarté. J'y ai remarqué la large définition du but de l'entreprise, la division des éléments constitutifs du patrimoine social, le système des deux réserves et des fonds spéciaux, la classification des opérations en opérations *di credito attive* (avances, prêts, comptes-courants garantis, escomptes, reports, crédit agricole), *di credito passive* (dépôts divers), *di reci-*

procanza (comptes-courants sur place ou par correspondance), *di commissione* (dépôts de garde, encaissements, paiements pour des tiers, achat et vente de titres, représentation d'autres instituts). Les règlements ne sont pas moins bien établis, soit le *regolamento interno* général qui détermine les conditions de détail de toutes les catégories d'opérations et le mode de fonctionnement de tous les organes de la société, soit les règlements des fondations particulières. Les comptes-rendus et les rapports annuels reflètent la même compétence, parfois ingénieuse jusqu'à la subtilité, et le même soin.

Un esprit élevé anime l'ensemble. Toute cette œuvre n'est pas mue, on le sent, par le désir du gain Une série d'organisations d'utilité publique en témoigne hautement.

Pour faciliter le crédit aux plus humbles travailleurs, la Banque a un service de tout petits prêts avec intérêt de faveur et remboursement échelonné. Le maximum, fixé lors des débuts à 250 l., en a été porté en 1881 à 300 l., et depuis 1887 à 360 l. Le taux est peu à peu descendu de 7 à 5 1/2 °/₀. L'amortissement est de 1/10 par trimestre. — La Banque a ouvert aux sociétés de secours mutuels de la province des comptes-courants avec livrets, à 6 °/₀. — Elle recueille les dépôts d'épargne à partir de 1 l. sur des livrets semblables à ceux des caisses d'épargne (et dont, soit dit en passant, les types sont parfaits). Elle sert à ces dépôts 3 1/4 %, avec faculté de disposer à vue de 100 l. par jour, et de plus forte somme avec des préavis ; elle en avait plus de 9 millions de l. au 1er janvier 1890. Depuis 1881, elle y a ajouté des livrets de *piccoli depositi*, pour lesquels on ne peut verser au delà de 250 l., ou plus de 20 l. par jour, et qui bénéficient, malgré la baisse de l'intérêt, du taux de 5 %. Les livrets sont au porteur pour les dépôts libres ; ils sont nominatifs pour les dépôts *vincolati* (conditionnels), ou si le déposant en fait la demande. — Non seulement nous avons vu que la Banque par le réescompte soutient les banques populaires ; mais elle prête aux coopératives de production et de consommation, elle seconde par tous les moyens l'agriculture.

La première elle a appliqué le prêt sur l'honneur sans intérêt, à titre gratuit ; le mérite en revient à l'un de ses présidents, M. P. Silvani, soutenu par M. Luzzatti. C'était une véritable audace du crédit : pour ne pas en faire courir le risque au capital social, l'assemblée, usant de l'art. 2 des statuts qui permet de promouvoir des fondations latérales, affecta chaque année une somme à cet objet. On commença en 1873 ; au 1er janvier 1890, le fonds est de 11,202 l. Les prêts sont consentis aux personnes de l'un ou de l'autre sexe qui satisfont à ces conditions :

être notoirement honnête et laborieux, exercer un métier, être connu pour capable de tenir ses engagements, savoir écrire, indiquer la destination de l'emprunt avec preuve à l'appui (par exemple la commande d'un travail). Le prêt peut être minime, mais ne dépasse pas 100 l. La durée n'en saurait excéder 60 semaines. Le remboursement s'effectue par semaine, ou si l'administration l'accorde, par mois. Deux personnes qui connaissent le postulant interviennent pour attester qu'il est digne de cette faveur ; elles ne contractent aucune obligation, sinon celle de donner des conseils au débiteur et de l'exciter à s'acquitter : ce beau rôle de *patroni* n'est pas ouvert à tout le monde, les faillis en sont exclus, et on n'y est plus admis si le recommandé ne s'est pas libéré. Il est impossible de renouveler un prêt non éteint ; le défaillant doit rester sous le coup de sa faute. Les prêts sont consentis, sous le contrôle du conseil, par une commission de 5 personnes, choisies parmi les ouvriers ou ceux qui les fréquentent. A la honte du pessimisme les pertes ne sont pas fortes. Sur 93 'prêts faits en 1889, pour un total de 9,250 l., on a perdu 313 l. 50 ; en 1885, 1884, 1883, la proportion fut encore moindre. On évalue que sur 1,000 prêts représentant 100,000 l., 43 prêts, représentant 2,000 l., sont douteux.

Un deuxième fonds, rubriqué *per perfezionamento delle industrie paesane,* tend à améliorer les industries locales en aidant les ouvriers de bonne volonté à se perfectionner soit à Bologne, soit au dehors, dans des écoles professionnelles, des usines, des ateliers. Constitué aussi sur les bénéfices, il atteignait 34,188 l. au 1er janvier 1890. On n'en peut employer que les intérêts et un prélèvement annuel. Des concours techniques et professionnels ouvrent accès à ces bourses intelligentes : je note que la langue française figure parmi les matières du programme. Les candidats doivent avoir la force physique, une bonne conduite, n'être pas âgés de plus de 18 ans, habiter Bologne, et se trouver dans des conditions telles qu'on puisse sérieusement compter sur leur retour pour exercer dans leur ville l'industrie où ils auront progressé. En 1889, comme en 1888, on a disposé de 2,137 l. en indemnités de voyages, subsides mensuels d'entretien, etc., pour trois jeunes gens, Bosi et Franceschini qui apprennent l'électro-mécanique à l'officine Edison à Livourne, Marescalchi qui après avoir étudié l'œnologie à l'école de viticulture de Conegliano est venu en France, à Bordeaux. Le rapport adressé l'an dernier à la *Banca* par Arthur Marescalchi montre qu'elle n'a pas mal placé son appui.

Deux autres *fondi speciali* ressortent au bilan.

— La *Cassa di previdenza per gli impiegati* a un actif de 35,709 l. Elle a reçu une dotation initiale de 20,000 l., et s'alimente par un prélèvement annuel de 5 °/₀ sur les rentrées des débiteurs en retard des exercices précédents, par les allocations des assemblées générales, par les dons. Marchant sans retenues sur les appointements, elle n'attribue pas un droit à l'employé; elle permet, après vingt-cinq ans de services, de donner une pension, ou en cas de décès, aux veuves et aux orphelins. Je préfère le mécanisme des caisses de patrimoine, telles que nous en avons vu à Milan. — Un capital de 5,200 l. a été employé en actions de 50 l. de la *Società per costruzione e risanamento di Case per operai*, coopérative d'habitations ouvrières, que nous irons visiter.

Enfin, comme à Milan, une quotité des bénéfices annuels est réservée à des subventions de bien social. Sur les profits et pertes de 1889, l'assemblée du 2 février 1890 a disposé ainsi de 4.250 l. pour les hôpitaux marins, des asiles et des instituts infantiles, l'école des arts décoratifs, la Société protectrice des enfants abandonnés ou maltraités, la Croix-Rouge, des instituts d'aveugles, etc.

Les vues morales dont s'inspire toute l'entreprise ont-elles nui au succès financier ? Vérifions sur ce nouvel exemple ce que nous avons constaté à Milan.

En même temps que l'adaptation à des besoins réels a formé autour de la *Banca Popolare* de Bologne une clientèle naturelle, la modération de ses tarifs lui permettait d'y choisir les éléments honnêtes. Il n'y a pas de plus sûre garantie, quand on y joint le soin à ne pas sortir du cercle des opérations légitimes, la rigueur des inventaires, l'éloignement de toute spéculation de bourse, d'industrie, de commerce, et de ces travaux édilitaires dont l'excès hâtif est, à notre avis, une des principales causes du malaise actuel en Italie. La *Banca* n'a pas eu plus de 115 effets protestés sur 10,000 en 1889 ; la proportion va diminuant (163 en 1888, 142 en 1887, 137 en 1886). Sur un mouvement d'escomptes de 42 1/2 millions de l., l'exercice laisse 15,644 lires en souffrance, y compris un reliquat antérieur. Les bénéfices ont été arrêtés par l'assemblée du 2 février 1890 à 171,406 l., sur lesquels 13,712 l. ont été attribués aux employés, 39,731 l. à la réserve, 7,884 l. à des subventions utiles, 110,077 l. aux actionnaires à raison de 5 l. 35 par titre. C'est un dividende de 8 %, ; il avait été de 10 % de 1885 à 1888, de 8 % de 1879 à 1887, et de 1866 à 1879 trois fois de 5 %, dix fois entre 6 et 10 %.

Voilà donc encore une banque populaire importante à prospérité régulière, et qui a traversé sans atteinte la crise dont d'autres institutions de crédit ont souffert.

La *Banca* n'a pas de succursales; après un essai à Cento, elle y a renoncé. Elle a préféré contribuer à propager le crédit en développant par le réescompte et les avantages de ses comptes-courants des sociétés autonomes d'épargne et de crédit agricole, surtout dans les petits centres ruraux. Enfin elle a pris l'initiative, il y a deux ans, de la création d'un *Groupe Régional*. Dans certaines parties de l Italie, les banques populaires ont formé ainsi des *Groupes*, où la primauté est impartie moins à la ville la plus considérable qu'à l'institution la plus active ou la mieux conduite. Nous avons ici un spécimen du système; voyons comment naît un de ces organismes, et quel en est le mode d'intervention.

C'est le 30 septembre 1888 que fut tenue à Bologne une assemblée dans ce but, sous la présidence du comte Isolani et de M. Luzzatti. Deux *Groupes Régionaux* existaient déjà, celui de la province de Trévise et celui des Abruzzes. Il s'agissait de susciter le troisième, celui de la Romagne. Avec la *Banca Popolare* de Bologne étaient représentées deux autres banques locales, et celles de Bazzano, Bertinoro, Castelfranco, Cesena, Coriano, Faenza, Ferrara, Forli, Imola, Lugo, Medicina, Meldola, Montescudo, Ravenne, Riolo, San Marino, Santarcangelo, Savignano, Sogliano al Rubicone, Castel san Pietro, Portomaggiore : ce n'est pas sans dessein que j'énumère ces noms, car beaucoup désignent des localités très secondaires, et un Français peut se rendre compte en les lisant de la quantité de racines qu'a poussées dans cette terre la coopération de crédit. On constitua donc le *Gruppo Regionale Romagnolo delle Banche popolari cooperative*, on en vota le statut. Le programme est de resserrer les liens entre des populations de même zone, de répandre dans la Romagne les formes variées du crédit mutuel, de nouer entre les coopératives voisines des relations plus intimes, de faciliter la tâche de l'*Association des Banques populaires* en la renseignant, d'étudier les solutions à proposer aux congrès. L'action est exercée par l'assemblée composée de deux délégués de chaque association adhérente, et par la représentation de celle qui est chargée annuellement du rôle de siège central. Outre leur œuvre directe, les *Groupes* tendent à asseoir un fonds pour aider les associations qui se trouvent dans un moment difficile sans qu'il y ait de leur faute, et à combiner un fonctionnement affermi de crédit agricole par l'émission de *cartelle agrarie* collectives.

J'ai dit qu'auprès de la *Banca Popolare,* deux autres associations du même ordre existaient à Bologne, ce qui en porte le nombre à trois.

Curieuse coïncidence, c'est à M. Vivenza,

directeur des cours municipaux du soir, que fut dû en 1865 l'élan promoteur de la *Banca Popolare* à Bologne; M. Aristide Rava, qui a créé et préside la *Banca cooperativa per gli Operai e la piccola industria della citta e provincia di Bologna*, est inspecteur des écoles communales. C'est un homme d'aspect sympathique, doux, réservé, et cependant actif, d'intelligence fine et de cœur dévoué. Il a publié une excellente histoire des *Associazioni di mutuo soccorso e cooperative nelle provincia dell'Emilia*. Il est président depuis seize ans de la *Société* bolonaise *dei Commessi e viaggiatori di commercio* (catégorie distincte, nos lecteurs se le rappellent, des *Impiegati civili)*, et il y a fait tant de bien que le jury de l'Exposition d'Economie sociale a décerné l'an dernier à Paris une médaille d'or à la société en même temps qu'une autre de collaborateur au président. Il préside aussi la *Lega* des associations d'employés de commerce. Ses efforts sont d'autant plus méritoires qu'ils sont accomplis avec plus de simplicité.

La *Banca cooperativa* qu'il a fondée date de 1881. Il se proposait de régulariser un certain courant de petits prêts que faisaient les sociétés de secours mutuels, et aussi de servir une clientèle plus humble encore que celle de la riche *Banque Populaire*, des ouvriers, des paysans, de très chétifs artisans ou employés. Le taux des actions fut fixé à 20 l. seulement; les sociétés de secours mutuels souscrivirent. La *Banca* a fait son chemin dans cette direction. Le nombre des *soci* s'accroît sans cesse, de 413 l'an passé. Le capital, qui était de 30,000 l. en 1882, atteignait au 1er avril 1890 121,760 l. et la réserve 20,935 l. Les bénéfices de 1889, soit 4,108 l., avaient été répartis 30 % à la réserve, 10 % aux employés, le reste aux actionnaires. M. Rava, le conseil d'administration, M. Roffi, le directeur M. L. Viscardi, font passer sous nos yeux une organisation modeste, mais tout à fait correcte et à très peu de frais. On publie tous les mois la situation. Les dépôts d'épargne, qui sont reçus à partir de 0,25 c., s'élevaient le 1er avril à 127,202 lires, le portefeuille représentait 264,485 l. Les opérations de l'exercice 1889 se subdivisent ainsi : avec des ouvriers 140,600 l., avec des employés 89,125 l., avec des petits commerçants 83,825 l., avec des mutualités 39,125 l., avec de petits cultivateurs 30,275 l. C'est bien la clientèle visée.

En dernier lieu une *Cassa cooperativa di credito della Società Operaia maschile*, qui date de 1883, fait participer au crédit mutuel les membres de la *Società Operaia* et recueille leurs épargnes. Les actions ne sont que de 5 l.

Trois banques coopératives dans cette population assez limitée... pourquoi ? Parce que là où une grande banque coopérative réussit, le goût de l'épargne et du crédit mutuel se répand, une clientèle plus humble naît qui veut un instrument plus approprié et se sent mieux à l'aise auprès de ceux qui le lui procurent. Aussi les chefs du mouvement coopératif italien préfèrent-ils plusieurs banques étagées de la sorte, répondant aux besoins divers, à une seule qui pourrait en grandissant perdre de vue son but. Et l'aînée, au lieu d'agir dans un esprit d'étroite concurrence, seconde les cadettes, véritables comptoirs de garantie entre elle et la couche plus profonde de clients.

En quittant la banque mutuelle qui est l'œuvre de M. Rava, nous nous étions rendus rue Goito à une toute autre sorte d'institution coopérative, la *Società anonima cooperativa degli Operai di Bologna*. Le président, M. J. Bignami, et l'un des vice-présidents, M. G. Gaiani, nous en font les honneurs. C'est une association de consommation d'articles comestibles, pain, pâtes, riz, légumes, mais mêlée de production, et avec des caractères assez particuliers.

Elle remonte à l'origine du mouvement en Italie. A la suite de conférences données à Bologne par M. Luzzatti en 1867, elle se fonda en 1868 au capital de 30,000 l., aussitôt porté à 50,000 l., dont 44,460 l. furent souscrites et 17,995 l. versées. Le premier statut avait adopté les principes anglais : vente aux prix courants, attribution de 50 % des bénéfices aux acheteurs. Ce système paraît n'avoir pas répondu aux habitudes locales : dès 1870, on supprima la restitution aux acheteurs pour s'en tenir aux autres avantages, bon marché, usage du comptant, vente au juste poids ; on y ajouta un but moral, entrevu dès le début, la formation d'un *fondo di educazione*.

La société compte aujourd'hui de 1,100 à 1,200 membres, dont plus de la moitié ne possèdent que 1 action. Des émissions successives, en 1869, 1873, 1874, ont élevé le capital à 150,000 l., dont 130,000 l. versées. Les actions sont de 20 l., payables par versements mensuels de 1 l., sans droit d'entrée. Le conseil est divisé en une section technique, qui s'occupe des achats ou de la fabrication, et une section administrative. On a acquis en 1882 au prix de 40,000 l. un immeuble où l'on a installé les fours, les laboratoires, les machines, dont le coût est l'objet d'amortissements, les bureaux, le magasin général ; les étages supérieurs sont loués. Du magasin la marchandise est envoyée à sept débits dans divers quartiers pour la vente ; la société fournit en outre une vingtaine de revendeurs, beaucoup d'écoles, les hôpitaux. La production quotidienne est d'environ 30 quintaux de pain et de pâtes ; le pain y figure pour

1,060 kilog. Les prix sont fixés par le cours du blé accru d'une quotité correspondant aux frais de fabrication, qui ne sont pas supérieurs à ceux des industriels privés.

Durant la période de vingt années écoulée de 1868 à 1889, 17 bilans avaient soldé en bénéfices, 3 seulement en pertes par suite de causes locales imprévues. Ces pertes, que le fonds de réserve a permis chaque fois de réparer, ne dépassaient pas 12,590 l. Les bénéfices totalisés atteignaient 145,973 l., qui ont été distribués comme suit : 3,720 l. aux consommateurs pendant les deux premiers exercices, 93,350 l. aux actionnaires, 24,535 l., à la réserve, 5,307 l., aux employés, 11,585 l. à compenser les pertes, 6,474 l. au *fondo di educazione*, 1,000 l., aux *Cucine economiche*. Actuellement la répartition est celle-ci : 2/10 sont prélevés sur l'ensemble du gain pour la réserve ; sur le reste, on paie aux *soci* un premier dividende qui peut aller à 1 l. par action, soit 5 °/。 du capital, et le surplus va pour 6/10 aux *soci* encore, pour 2/10 au personnel, pour 2/10 au *fondo di educazione*.

La société a passé par différentes crises tenant aux récoltes, aux cours du blé, aux transformations du commerce des farines ou de l'industrie, en 1869, en 1875, en 1880, de 1882 à 1884. Elle a eu aussi à surmonter des difficultés intérieures. En somme elle a satisfait la grande majorité de ses adhérents, puisqu'en 1887 la durée en a été renouvelée pour vingt ans. On peut trouver les bases imparfaites, préférer la méthode de remboursement des épargnes au prorata des achats ; mais même ainsi organisées, ces sociétés de nature mixte rendent de notables services, ne fût-ce qu'en procurant les denrées de première nécessité à meilleur marché, et en empêchant les coalitions. En moyenne, celle-ci a donné de 4 à 5 %, en outre, à ses affiliés. Sans être parvenue encore à une panification parfaite (pas plus que ses compétiteurs elle n'a remporté le prix au concours technique ouvert en 1883 par la *Caisse d'épargne de Bologne)*, elle a introduit dans l'industrie locale de sensibles améliorations ; nous y avons remarqué notamment un four système Borbeck à feu extérieur continu, deux fours intermittents à feu interne, d'autres apppareils ; elle se propose d'acheter un moulin économique pour la transformation du blé en farine. Elle favorise l'épargne de ses membres en leur donnant des livrets où les bénéfices sont enregistrés et les dépôts libres reçus. Elle emploie une quarantaine d'ouvriers, qui lui sont attachés, indépendamment d'un salaire avantageux, par ces livrets d'épargne ; elle ignore les grèves, et les grèves ambiantes lui ont profité. Elle a contribué à créer une Ligue d'instruction populaire, des bibliothèques circulantes, les

Cucine economiche, etc. Surtout elle a joué ce rôle utile de limiter les convoitises des marchands, leurs combinaisons pour maintenir les prix aux dépens des consommateurs.

Nous allâmes de là rue Cavaliera, à la *Cassa cooperativa di credito della Società Operaia* que j'ai citée parmi les coopératives de crédit, et qui fonctionne pour les membres de la mutualité dite *Società Operaia*. Nous fûmes reçus par le président, M. E. Pini, assisté des syndics, MM. Modonesi et Parisini. Il s'agit ici de crédit de consommation pour les besoins des familles ouvrières, et à la place d'un Mont-de-Piété. La *Cassa*, qui a un capital de 41,000 l. et une réserve de 5,700 l., reçoit des dépôts de petite épargne, avec disponibilité à vue jusqu'à 60 l., et leur donne 5 °/₀ jusqu'à 500 l. Elle consent des prêts de 5 l. à 150, à 6 1/2 °/₀, sur présentation de personnes honnêtes, et escompte les factures de travail acceptées. Les actions, appropriées à cet humble cadre, sont de 5 l. seulement, payables en cinq versements mensuels; nous voilà donc loin de notre taux immuable de f. 50. La *Cassa* a réalisé depuis sept ans qu'elle existe des bénéfices, et peu de pertes, fait qui témoigne éloquemment de la moralité des ouvriers bolonais; Bologne est du reste la ville d'Europe où l'on a le plus développé le prêt sur l'honneur, que nous retrouverons à la *Caisse d'épargne*. Il est impossible de ne pas être intéressés par cette modeste institution, que sa grande sœur la *Banca Popolare* aide par le réescompte, et qui nous est apparue comme une véritable cellule du crédit populaire.

C'est un centre relativement actif de coopération que Bologne. Le IIIe congrès des Coopérateurs italiens y a été tenu en septembre-octobre 1888, avec 128 sociétés adhérentes (le IVe a eu lieu à Turin le 5 octobre 1890). Les coopératives que nous avons visitées ne sont pas les seules. Je ne parle pas des *Cucine economiche* à l'établissement desquelles nous avons vu contribuer la Société de consommation ; il s'en est créé en Italie dans 35 ou 36 villes depuis dix à onze ans, notamment à Côme, Gênes, Milan, Novare, Padoue, Rome, Savone, Turin, Vicence, Vérone, même dans de très petites localités ; à Milan on en a ouvert depuis 1883 cinq ou six, qui possèdent un immeuble de 100,000 l. et un patrimoine de 10,000 l. ; à Bologne la première ne date que de deux ans ; mais ce sont là plutôt des *opere pie*, quoiqu'il y entre un certain élément de prévoyance. En fait de coopératives proprement dites, Bologne peut ajouter à celles dont nous avons parlé la *Typographie Azzoguidi*, la *Società cooperativa delle arti costruttrici*, un magasin alimentaire de la *Società Operaia*, d'autres encore, notamment une coopérative d'habitations salubres, dont nous visitâmes les maisons, mais dans la matinée le lendemain. Pour cette journée si remplie, elle se termina à la *Cassa di Risparmio*, que M. Léon Say admira si fort, et qui depuis son passage s'est encore heureusement développée.

Elle aussi, la *Caisse d'épargne de Bologne* a donné au peuple laborieux et prévoyant un palais digne de l'œuvre inestimable qu'il y accomplit. Sur l'emplacement de maisons acquises en 1866 au carrefour des rues Castiglione et Farini, cette belle demeure du bien social a été bâtie par Mengoni, le célèbre architecte de la galerie Victor-Emmanuel à Milan, et on l'a inaugurée en 1873. Sans égaler le colosse de pierre que nous a montré la Caisse de Milan, c'est un grandiose et charmant édifice, avec sa façade monumentale, ses deux ailes, ses arcades, à l'intérieur ses galeries à colonnes, ses amples escaliers, sa salle d'assemblées décorée de peintures et de marbres Le conseil d'administration reçoit les hôtes français la bienvenue leur est souhaitée par le conseiller-directeur qui exerce ici toute la fonction exécutive et est l'âme de l'institution, M. C. Zucchini. Comme à la *Banca Popolare*, on offre à chacun de nous une riche collection de documents, parmi lesquels nous trouvons imprimés à la date de notre passage un état des comptes et un relevé des opérations depuis l'origine ; *suite* précieuse, où la clarté du classement, la science technique du fond, l'exécution élégante et parfaite des moindres types sont vraiment hors ligne.

Un peu moins ancienne que celle de Milan, la *Cassa di Risparmio in Bologna* a cependant 53 ans d'existence. C'est en 1835 qu'une *Commission centrale de bienfaisance publique* en conçut le projet ; il fallut vaincre bien des doutes, bien des obstacles ; le légat pontifical, le cardinal Macchi, soutint les promoteurs, qui réunirent un fonds de 26,600 l. (5000 *scudi* d'alors). Une commission élabora le statut ; la *Cassa* ouvrit ses portes le 1er octobre 1837. Elle se fondait dans des conditions légèrement différentes de celles de Milan, comme une société anonyme privée, dont le capital était divisé en 100 actions de 50 *scudi* (266 l.), et réparti entre 100 *soci*. Les actions devaient être remboursées aux héritiers des fondateurs défunts ; elles pouvaient l'être aux *soci* vivants pour moitié, et pour davantage ensuite pourvu qu'il en restât une partie, caractéristique de l'association. Il a été en effet restitué demi des actions, ce qui les réduit à 133 l. et le capital à 13,300 l. Ce n'était là qu'un procédé : les charges étaient gratuites, les bénéfices étaient consacrés à une réserve, puis à la bienfaisance, les actions ne devaient pas recevoir d'intérêt, et la substitution aux *soci* défunts dépendait non de l'hérédité, mais de l'élection par les survivants, le nouvel élu versant à la place de l'éliminé le montant de l'action. Mais cette forme primitive a été respectée, comme le statut de 1837, dont on a maintenu encore le plus possible quand on a mis cette année les règles organiques en harmonie avec les décrets de 1870, 1871, 1876, 1881, 1889, et les lois de 1883, 1885, 1888.

Aujourd'hui comme à l'heure initiale, et pendant plus d'un demi-siècle, l'institution a présenté ce haut caractère moral et social d'être une sorte de lien, de trait d'union, entre les classes qui possèdent ou qui savent, noblesse ou bourgeoisie, et la population ouvrière, un instrument aristocratique (au large sens du mot) par les mains qui le manient et hardiment démocratique par le but. Le comité promoteur se composait du comte Agucchi, du comte G. Isolani, du marquis Guidotti, du comte Ranuzzi, de M. J. Naldi. La présidence a été occupée par le sénateur comte Brunetti (1837-39), le comte L. Isolani (1840-56), le sénateur comte Marsili (1856-76), le comte G. Isolani (1877-84), le comte Salina (1884-90); le président actuel est le comte P. Isolani. Le conseiller-directeur fut pendant 38 ans, de 1837 à 1875, le marquis C. Bevilacqua, sénateur, qui remplit ce poste avec un mérite égal à son dévouement, et à qui ont succédé le comm. Sassoli, avocat, jusqu'en 1880, depuis 1880 le comm. Zucchini, professeur et ingénieur, qui est aussi en ce moment président de la Chambre de commerce. Sur les listes des administrateurs comme sur celles des *azionisti*, d'autres noms des plus illustres familles de la province se mêlent à ceux d'une élite intellectuelle (j'y lis celui de Minghetti l'homme d'Etat, membre de l'Institut de France); et il n'en est pas autrement du tableau des 100 *soci* actuels, avec cette particularité (fréquente aussi dans nos caisses françaises, à Marseille par exemple) que la plupart des fondateurs y revivent dans leurs descendants.

Nous avions parcouru les locaux, examiné les services. L'éminent et zélé conseiller-directeur, M. Zucchini, nous fournit alors sur l'organisation, la marche, les résultats des renseignements précis, qu'éclairaient les documents placés sous nos yeux, et qui vont nous permettre de pénétrer dans la vie d'une institution dont l'histoire n'est qu'une suite continue de remarquables efforts et de progrès de toute sorte.

Nous ne sommes plus ici dans un centre de 400,000 âmes comme Milan, et devant une institution qui en outre de sa sphère urbaine a étendu son action sur toute une province par un réseau de succursales; nous ne sommes même pas dans une ville dont la population égale celle de Turin, ou de Florence. La Caisse d'épargne que nous avons sous les yeux peut être, puisqu'il n'y a pas plus de 120,000 habitants à Bologne, qualifiée de *moyenne* quant au milieu qui l'alimente et au stock des dépôts, non certes quant aux services ou aux mérites ; elle n'a d'ailleurs pas essaimé, préférant soutenir des établissements autonomes ; elle a enfin passé par certaines crises au cours de son histoire. C'est pourtant encore une caisse libre, c'est-à-dire ne se bornant pas à recevoir l'épargne, mais l'employant elle-même, sur place. Rechercher comment elle s'acquitte de son double rôle, ce sera parcourir les parties diverses de son fonctionnement, et dès lors vérifier à la lumière d'un exemple de nature nouvelle la valeur du régime sous lequel elle vit, la solidité des objections qu'on oppose à ce régime.

Développer le goût de l'épargne, l'attirer, la recueillir, la conserver, en assurer la restitution rapide, voilà la première fonction. A ce point de vue, qu'a été et qu'a fait la *Cassa di Risparmio in Bologna ?*

Elle a par des écrits populaires, par la publicité de ses documents, par toutes les formes de la propagande vulgarisé et excité le sentiment de la prévoyance. Elle en a de toutes façons facilité la pratique. Elle a appelé les plus humbles en acceptant les dépôts depuis 0.50 c., en multipliant peu à peu les jours d'opérations jusqu'à les rendre (1880) quotidiennes, en ouvrant (1886) deux bureaux le samedi soir dans des quartiers ouvriers. Elle a établi la gratuité du livret. Elle en a adopté un type qui lui paraît mieux même que le type au porteur concilier les garanties dues au client avec la sécurité de la Caisse, simplifier l'encaissement tout en permettant de limiter le crédit, le livret nominatif mais valablement payé au porteur comme représentant le titulaire. Elle a protégé par les livrets *vincolati* et *di credito condizionato* les dépôts pupillaires, dotaux, de bienfaisance, conditionnels. Sans exiger que l'épargne soit trop rudimentaire (car il faut viser non seulement les besoins courants, mais la constitution d'un modeste capital), elle cesse de servir un intérêt à partir de 5,000 l., engage l'initiative individuelle à chercher des placements, favorise les petits dépôts. Dès 1840 elle commençait d'allouer aux petits dépôts des primes ; elle répartit maintenant chaque année une somme en intérêts de faveur pouvant monter à 10 % aux plus minimes dépôts des serviteurs, journaliers, cultivateurs, petits trafiquants, petits employés, militaires, instituteurs, alors que c'est à peine si nous cherchons une manière d'encourager les petits déposants, et que le projet de loi déposé le 22 mai 1890 la cherche dans un système illusoire.

La Caisse de Bologne n'a pas tendu avec moins de constance à assurer le remboursement prompt et intégral des dépôts. Être toujours en mesure de rendre immédiatement ce qu'elle doit sans être contrainte de réclamer immédiatement ce qu'elle a prêté, avoir toujours (sauf à gagner moins) de larges disponibilités, tel a été son principe. La prudence de ses emplois, dont nous jugerons, et l'accumulation de sa réserve, tels ont été ses moyens. Son patrimoine est par rapport au total des dépôts dans une proportion bien supérieure au dixième. Elle a traversé quatre crises sérieuses : en 1843, sous la pression de l'usure qu'elle menaçait ; en 1848, par suite des événements politiques ; en 1859, dans les secousses de la guerre et de l'évolution nationale ; de 1864 à 1867, sous l'influence de causes multiples, excès d'innovations mal préparées, aggravation des impôts, loi du 14 juillet 1864 sur la richesse mobilière, surtout cours forcé ; de ces épreuves elle est sortie chaque fois victorieuse et fortifiée. Si je récapitule les sommes qu'elle a remboursées depuis l'origine jusqu'au 22 avril 1890, je trouve sur 155 millions de l. en dépôts plus de 122 millions. 99,047 livrets ont été éteints.

Ce que vaut l'institution en tant que réservoir d'épargne, la confiance du public l'indique. Le mouvement des dépôts a pu varier selon les époques ; il s'est produit d'importantes baisses durant les quatre périodes de crises. Mais si après avoir observé ces va-et-vient on recule pour mieux juger de l'ensemble, la marche ascensionnelle est très nette. Fin 1846, le solde dû était de 2,766,710 l. ; fin 1856 il s'élève à 6,787,775 l. ; fin 1866 à 10,691,778 l. ; fin 1876 à 15,116,833 l. ; fin 1886 à 27,749,505 l. Au 31 décembre 1889, nous voici devant 81,387 livrets, pour une somme de 31,955,196 l. L'accroissement a été beaucoup plus accéléré depuis une dizaine d'années. La situation financière et économique actuelle du pays a-t-elle troublé cette prospérité, entraîné des retraits inquiétants? Il n'y paraît pas. Pendant les trois premiers mois de l'exercice 1890 le solde dû s'est encore augmenté, il atteint au 22 avril 32,946,845 l. en 82,850 livrets. Les versements de ces trois mois et demi représentent 3,165,166 lires contre un peu plus de 8 millions pour les douze mois de 1889 et de 1888 ; les retraits représentent 2,173,517 l. contre 7 millions environ pour 1889 et près de 6 1/2 pour 1888 ; je ne vois rien là d'anormal.

L'école de l'adduction totale à la Dette d'Etat prétend son régime incomparable quant à la formation de l'épargne ; mais alors quel stock devrait avoir la caisse de Paris, puisque Paris a une population 20 fois supérieure à Bologne ? Or la caisse de Bologne a 32 millions au 1er janvier 1890, et celle de Paris 140. Pourtant nous avons constaté à Bologne la concurrence de trois coopératives de crédit qui reçoivent les dépôts d'épargne, et l'une d'elles en détenait pour près de 10 millions.

Les fonds d'épargne recueillis, il reste à en faire emploi. C'est la deuxième fonction, sur laquelle diffèrent si profondément les deux méthodes; voyons comment la caisse de Bologne la remplit.

Encore que la *Caisse d'épargne de Bologne* fût née sous le régime de la liberté, elle se posa dès l'origine la question du meilleur système d'emploi, placements variés ou adduction exclusive à l'État (car même sans y être contrainte par la loi, une caisse peut tout placer en fonds d'État, et c'est par exemple ce qu'avait fait au début celle de Marseille). Les promoteurs, en fixant les principes, productivité nécessaire des dépôts, réalisation aisée, préférèrent aux placements sur l'État, et même sur les communes ou les administrations publiques, les placements sur les particuliers, avec la rentrée graduelle qui convient à un établissement exposé aux retraits et où le va-et-vient d'argent est perpétuel. Après la crise de 1843, on reprit une étude comparée de ce qu'on appelait le système français, versement intégral dans la Dette d'État sous des formes différentes, et le système suisse, adopté ici dès 1837. On reconnut que les économistes condamnaient le premier, approuvaient le second ; on constata que par la sûreté des crédits, la protection des réserves, l'essence même des caisses et leur gestion désintéressée qui préservent des opérations aléatoires, le système suisse traversait sans faiblir les épreuves les plus difficiles.

On voit qu'il ne s'agit point là d'une utopique nouveauté, comme certains l'imaginent. Et c'est non seulement en parfaite connaissance de cause, mais après le contrôle d'une expérience grave, que la Caisse de Bologne confirma son choix primitif. Elle ne s'en est jamais repentie.

De 1857 à 1866 commença l'emploi en bons du Trésor, si utiles par l'échelonnement des échéances. Sans contester la solidité des prêts hypothécaires, on sut en discerner les inconvénients, longueur et frais des expropriations, immobilisation en biens-fonds qu'on a été conduit à acheter : l'importance en fut à peu restreinte ; la forme première en fut perfectionnée, se modifia en celle du crédit sur effets garantis par hypothèque, puis de 1877 à 1886 prit l'aspect et les conditions du compte-courant hypothécaire. En même temps arrivèrent les comptes-courants de banques, les avances sur titres autorisées par décret du 27 novembre 1870, les obligations de crédit foncier émises en vertu de la loi du 14 juin 1866, puis de la loi-décret du 22 février 1885.

De quelle façon est entendue et pratiquée la fonction de libre emploi à la *Cassa di Risparmio in Bologna?* Vérifions-le sur la situation au 31 décembre 1889, telle qu'elle a été arrêtée par l'assemblée générale du 5 juin 1890. Un minuscule capital-actions *pro formâ*, un stock de dépôts de 31,955,196 l., quelques créances, le compte-courant du Crédit agricole, divers fonds spéciaux, les réserves et le patrimoine, voilà l'avoir : il s'élevait à 44,585,373 l. Par quoi est-il représenté ? Le voici, en négligeant les centimes et quelques articles secondaires :

Bons du Trésor	5,330,670	fr.
Titres d'Etat	4,623,053	»
Titres garantis par l'Etat	3,099,876	»
Actions et obligations de sociétés commerciales	1,694,603	»
Obligations de Corps moraux	1,339,787	»
Titres divers	1,976,057	»
Titres en reports	1,407,365	»
Obligations de crédit foncier	2,529,971	»
Titres en dépôt	1,509,072	»
Effets en portefeuille	3,691,101	»
Effets avec garantie hypothécaire	4,344,741	»
Comptes-courants garantis	548,708	»
Prêts agricoles	618,924	»

Avances sur valeurs publiques et industrielles	330,082 fr.
Crédit Agricole de la Caisse d'épargne (capital assigné)	1,000,000 »
Crédit Foncier de la Caisse d'épargne,	652,934 »
Comptes-courants de banques	2,940,097 »
Prêts hypothécaires à des particuliers	1,633,823 »
Prêts chirographaires	2,183,644 »
Prêts de production	70,699 »
Immeubles urbains	300,000 »
Immeubles ruraux	1,196,361 »
Numéraire en caisse	900,088 »

Ces emplois satisfont-ils aux conditions que l'idéal du régime conseille de concilier, sécurité, réalisation facile, productivité suffisante, avantage de l'activité générale et de la circulation économique ?

Sécurité d'abord et réalisation facile. — Le cas est plus topique encore peut-être que celui de Milan, en ce sens que l'institution a passé par des crises, celles dont j'ai parlé. Et c'étaient des crises sérieuses : celle de 1864 s'est prolongée plusieurs années ; celle de 1848, plus violente, laissa à la fin de l'exercice un excédent de retraits de 876,771 l. L'école de l'adduction exclusive à l'Etat prétend qu'en dehors de cet emploi il n'y a ni sécurité, ni salut en cas de crises. Les faits confirment-ils cette thèse ?

En 1843, en 1848, en 1859, de 1864 à 1867, la Caisse de Bologne fit face aux demandes par le sang-froid, l'énergie, l'intelligence des mesures : sans arrêt, et sans presser ses débiteurs qui avaient besoin de ménagements en semblables conjonctures, elle trouva chaque fois les ressources nécessaires soit dans ses réalisations normales, soit dans ses réserves, soit auprès des corps moraux, des instituts, des banques, des particuliers ; la confiance qu'elle inspirait était telle qu'on vit en 1848 un riche et généreux administrateur, M. Gandolfi, offrir sa fortune entière en garantie, un autre, le marquis Bolognini, avancer tout son numéraire. Le régime d'emploi total en rentes s'est-il mieux comporté? Facultatif, il a abouti en 1830 à une convulsion où telle de nos plus grandes caisses faillit sombrer. Devenu légalement obligatoire, il a abouti en 1848 au décret du 9 mars, au décret du 7 juillet, à la loi du 21 novembre, c'est-à-dire à la liquidation et à la consolidation forcée, en 1870-71 aux décrets et aux lois intervenus du 17 septembre 1870 au 21 juillet 1871, c'est-à-dire à la suspension partielle et à l'atermoiement. Le seul remède pour l'avenir a été de légaliser au cas de force majeure le remboursement par à-comptes et par quinzaine. Franchement, où est la supériorité que le fétichisme d'État prétend acheter au prix d'abdications?

Quant au présent, les emplois de la *Cassa di Risparmio in Bologna,* tels qu'on vient d'en lire la récapitulation, offrent une variété qui est déjà une garantie : sur 44 1/2 millions, la plus forte catégorie ne dépasse guère 5 millions. Les prêts hypothécaires, progressivement diminués comme je l'ai dit, représentent 1,600,000 l. ; même en y ajoutant les lettres de gage foncières, les comptes-courants garantis par hypothèque, le compte-courant du Crédit foncier, le total arrive à 9 millions, le cinquième de l'ensemble. En titres d'État ou garantis par l'État et bons du Trésor, je note plus de 13 millions. Valeurs et portefeuille accusent 33 millions ; mais on a créé depuis 1866 un *fondo per far fronte alla oscillazioni di valore degli effetti publici ed industriali,* qui atteignait fin 1876 505,956 l. et permit de couvrir les baisses de 1873-1874 ; il monte le 1er janvier 1890 à 1,189,134 l. Indépendamment de cette réserve-là, la réserve générale est de 5,260,117 l., soit relativement aux dépôts le sixième environ alors que le dixième est la proportion légale, alors qu'à la caisse de Paris elle n'est que le trente-huitième des dépôts.

Qu'en est-il pour la productivité ? — Il s'agit d'emplois permettant de pourvoir à des remboursements rapides ; l'intérêt en sera donc inférieur à celui que donneraient des emplois stables.

Cependant la Caisse fait rendre aux avances sur effets à remboursement graduel 5.25 %, aux prêts garantis par hypothèque 5.25 %, aux comptes-courants hypothécaires 5.50 %, aux reports en faveur des banques populaires et des caisses d'épargne 4 %, aux avances sur rentes, obligations foncières, emprunts de la ville et de la province de Bologne 4.75 %, aux avances sur titres admis par le conseil d'administration 5.25 %. Dans l'ensemble le rendement de l'exercice 1889 a atteint 1,818,967 l. pour la Caisse d'épargne proprement dite, 164,773 l. pour son Crédit foncier, 427,759 l. pour son Crédit agricole, en tout 2,411,499 l. Malgré la baisse du loyer de l'argent, on paie aux livrets d'épargne libres ou *vincolati* 3.60 % net de l'impôt sur la richesse mobilière, aux dépôts des sociétés de secours mutuels 4.50 % et 6 % dans les limites déterminées par les règlements. Et ces taux ne sont pas à la merci d'un caprice ou d'une erreur de majorité parlementaire ; ils ne dépendent que de la diligence, du mérite, du dévouement de ceux qui mènent l'institution.

Reste à juger les emplois au point de vue de leur apport à la circulation économique, à l'utilité publique et privée. Par la façon dont il est résolu, ce point mérite que nous le mettions bien en lumière.

Tout en visant à des emplois sûrs, aisément

recouvrables, suffisamment productifs, reverser les capitaux d'épargne dans la circulation économique, en aider les formes variées de l'activité régionale, tel fut bien dès l'origine l'objectif de la *Caisse d'épargne de Bologne.* Elle suivit pour appliquer ces idées des principes constants : combiner l'ensemble des placements de façon à pouvoir parer aux retraits sans avoir à presser les débiteurs de demandes imprévues ; si un placement est fait à long terme par raison d'utilité publique, y affecter plutôt une part des réserves que les dépôts ; soutenir particulièrement la principale industrie de la région, l'industrie agricole.

Elle n'a cessé d'être l'auxiliaire libre de l'Etat, de la province, de la commune. A deux époques de cours forcé, elle seconde l'État, en 1848 remboursant en espèces les petits livrets et même les autres dès qu'elle peut, à la reprise des paiements métalliques après l'unification recueillant un fonds en or et étendant ses escomptes. En 1851, elle contribue à fonder une agence de la *Banca centrale dello stato pontificio* à Bologne ; et comme en 1855, l'agence subit le contre-coup de l'ébranlement de la banque-mère, elle verse 266,000 l. pour une reconstitution autonome sous le nom de *Banca per le quattro legazioni.* Elle prête à la province de Bologne en 1864 250,000 l., en 1866 800,000 lires, en 1868 500,000 l.; elle prête à la ville de Bologne en 1865 200,000 l., souscrit la moitié d'un emprunt communal de 1,200,000 l. en 1868, se charge en 1886 de la conversion de la dette municipale à des conditions dont la ville la remercie publiquement.

Au petit commerce et à la petite industrie elle apporte l'affranchissement de l'usure, le crédit personnel pour une classe qui en était privée, les effets à deux signatures, l'échéance à quatre mois, l'amortissement graduel de la dette, le bon marché par le réescompte du portefeuille des instituts secondaires que la modicité de ses taux oblige à traiter à leur tour avec modération leur clientèle. Dans les périodes difficiles, elle permet de compter sur une aide libérale et prompte, s'appliquant à ménager ses emprunteurs et à continuer ses prêts.

A la propriété urbaine, et surtout rurale, elle fournit l'instrument libérateur du crédit foncier. Par convention avec l'État du 23 février 1866, que sanctionne la loi du 14 juin, elle est admise à exercer, sous la surveillance de l'État, le crédit foncier dans une zone qui embrasse les provinces de Bologne, Ancône, Ascoli-Piceno, Ferrare, Forli, Macerata, Modène, Pesaro, Ravenne, Reggio. Elle assigne 1,000,000 l. au fonds de garantie. Le petit *Credito Fondiario* de la Caisse de Bologne ouvre ses guichets le 1er octobre

1867 ; il passe par de sérieuses difficultés, le bas cours de ses titres par exemple, en 1886 la falsification de 100 *cartelle*. C'est une branche à part ; il est géré par une commission de membres du conseil et de *soci*. Il émet des *cartelle fondiarie* ou lettres de gage de 500 l., divisées en coupures de 100 l. ; il prête à 5 °/₀ sur première hypothèque jusqu'à moitié de la valeur, avec paiement en *cartelle* et amortissement en un délai qui varie de 10 à 50 ans ; il fait des avances en compte-courant garanti par hypothèque. La loi-décret du 22 février 1885 a amélioré sur divers points celle de 1866. Les zones ont été abolies, les instituts autorisés peuvent exercer le crédit foncier dans tout le royaume ; Bologne continue dans sa zone. En 1889 on y a exonéré les contractants des frais d'expertise et de contrats. Les *cartelle* étaient au-dessous du pair (473 l. 75) lors du passage de M. Say ; le cours moyen du dernier exercice a été 505 l. 08. Le rapport du 5 juin 1890 constate une situation tranquille et florissante : on n'a pas souffert de la crise édilitaire. Au 1er janvier 1890, il y avait 58,340 *cartelle* en circulation, pour un total de prêts de 29,170,000 l. La réserve atteignait 234,206 l. Les annuités en retard depuis trois exercices ne dépassaient pas 281,674 l., et il y avait par contre 88,000 l. d'anticipations. Les frais généraux de 1889 avaient été de

90,120 l., chiffre modeste ; le bénéfice net s'élevait à 74,652 l., en diminution de 22,000 l. sur 1888. Depuis 1868 il a été effectué 1,146 prêts pour 44,596,000 l., et d'une valeur moyenne de 38,914 l. ; l'exercice 1889 en a fourni 62 pour 2,400,000 l.

Le nouveau crédit foncier centraliste ou national qui s'organise fera évidemment œuvre plus large que ces instituts régionaux ; je ne sais si par le principe ils ne sont pas préférables.

A l'agriculture, la *Cassa* a rendu d'immenses services. Dès 1867, elle avait une conception d'instituts locaux, qu'admit la loi du 21 juin 1869. Son *Credito Agricolo* fut autorisé par le décret du 5 mars 1871. C'est une seconde administration séparée ; le conseil la gère, avec la collaboration de quelques *soci*. Les opérations comprenaient la même zone que le Crédit foncier. La *Cassa* mit à la disposition de son Crédit agricole comme prêt à intérêt 500,000 l. de capital circulant, et 500,000 l. immobilisés en garantie des bons agraires, sorte de billets de banque payables à vue et au porteur. Les bénéfices étaient destinés à amortir le passif, étendre les affaires, encourager l'agriculture. En cas de cessation, les capitaux faisaient retour à la Caisse. Les opérations commencèrent en mai 1872. La loi permettait d'émettre 10 millions en bons ; au 1er janvier 1890, on s'en était tenu à

3,799,490 l. Il y avait en portefeuille 7,363,685 lires d'effets agricoles à deux signatures, d'une durée moyenne de trois ans, 145,705 l. de prêts à des communes et corps moraux pour œuvres agricoles, 157,102 l. de prêts agricoles à 2 et 3 1/2 %. Les effets en souffrance montaient à 97,714 l. La réserve s'élevait à 907,650 l. Le rendement net de 1889 avait été de 72,161 l. Les opérations avaient été volontairement réduites.

M. Léon Say considéra que si on avait réussi dans cette entreprise intéressante, malgré le défectueux système de la loi de 1869 qui faisait prêter à longue échéance avec des bons sans cesse exigibles, cela tenait à une gestion presque gratuite, aux fonds fournis par la *Caisse d'épargne*, à la solidarisation du portefeuille commercial de la *Caisse* avec le portefeuille agricole du *Crédit*, la rapidité d'extinction du premier compensant la lenteur de remboursement du second. Les frais n'ont pas en effet excédé en 1889 35,672 l.; et outre le fonds de garantie, le compte-courant de la *Caisse* atteignait au 1er janvier 2,531,475 l. Du reste la loi du 23 janvier 1887 a abrogé la loi de 1869, créé un privilège de crédit agraire, réduit celui du bailleur, accordé des faveurs fiscales ; surtout elle a eu le mérite de substituer aux bons des *cartelle agrarie* à intérêt, amortissables, à échéance assez longue pour permettre à l'agriculteur de garder longtemps le prêt sans exposer les établissements qui réescomptent à le voir repoussé. En vertu de cette loi, le *Credito* de la Caisse de Bologne doit avoir retiré avant sept ans tous ses bons en circulation.

Quoiqu'il en soit, la Caisse de Bologne a exercé par son Crédit Agricole une influence incontestable sur la transformation agraire de la région. Elle est intervenue dans le même sens par un autre mode d'action. M. Zucchini soutint dès 1882 que le problème pouvait être en partie résolu par de petits instituts adaptés aux besoins locaux dans les centres ruraux, à condition que les pouvoirs publics les encourageassent, et qu'ils fussent facilités par un établissement central n'ayant pas le gain pour but essentiel. La Caisse, s'inspirant de ces idées, a aidé à naître de petites caisses d'épargne agraires à Zolo Predosa, Bagni della Porretta, S.-Giorgio di Piano, Castel d'Argile, Castiglione dei Pepoli, et des banques populaires à Mezzolare, Castel S.-Pietro, Castelfranco, Bazzano; elle a veillé à leur organisation, concouru comme actionnaire à leur création ou en assumant une fraction des frais, fait don de mobilier ou d'imprimés; elle leur a concédé l'exercice de l'épargne scolaire, admis instituteurs et élèves à ses concours; elle leur réescompte à faible intérêt;

elle leur a fait même des avances en cas de calamités locales. Ces institutions lui semblent préférables à des succursales ; nées d'initiatives individuelles, utilisant les bonnes volontés et les capacités locales, ne donnant pas prétexte au grief de l'épargne soustraite des petits centres, employant l'épargne sur place, accommodées aux variantes locales au lieu de revêtir un type uniforme et d'agir avec une rigidité presque mécanique. Il y a là une idée fort digne d'attention.

D'autres efforts en faveur de l'agriculture rentrent plutôt dans la catégorie des emplois généreux du patrimoine ; nous les retrouverons là. Il en est de même d'appuis énergiques donnés au travail ouvrier.

A considérer l'ensemble de ces emplois quant à la décentralisation économique, il devient superflu de poser cette question : aurait-il mieux valu que la *Cassa* versât depuis 1837 dans la Dette des Etats pontificaux, puis du royaume unifié, tant de millions fécondateurs ? Une caisse similaire en France est réduite par la loi à exporter à Paris les épargnes de la ville ou du département, à les noyer dans les rentes que créent des emprunts toujours renaissants. Laquelle des deux méthodes est donc préférable au point de vue d'une saine vie sociale ? Laquelle même sert le mieux l'Etat au sens élevé du mot ?

Il n'y a plus qu'à savoir si le régime est dan

gereux. Voyons ce qu'il en est résulté pour les réserves et le patrimoine de l'institution.

Dans les bénéfices, la Caisse de Bologne, dès l'origine, ne vit (art. 5 des statuts) qu'un moyen d'assurer sa stabilité, et avec le surplus de faire du bien, « le plus satisfaisant des dividendes « pour ses *soci* » selon un mot du marquis Bevilacqua. Avec la même justesse, elle écarta la suggestion de consacrer ses bonis à augmenter l'intérêt des dépôts ou à réduire celui des prêts, disant que le premier procédé attirerait des dépôts de spéculation et que le second altèrerait artificiellement les conditions du marché. En tout elle eut ce discernement du vrai : ainsi encore à la théorie des dépôts très limités, elle répond qu'au-dessus de l'épargne embryonnaire il en est une autre, bien modeste encore, qui mérite d'être préservée, et que le tout est nécessaire pour faire vivre l'institution. Elle a connu toutes ces idées fausses, qui reparaissent en France, et s'en est défendue. Un patrimoine est indispensable. Tout est d'en bien user. Au sien elle assigne deux buts : annihiler les risques par une réserve proportionnée, répandre l'excédent en bienfaits sociaux.

Malgré sa haute conception, et malgré la modicité de ses gains, témoignage des services rendus, peu à peu elle se constitue une fortune propre. Suivons-en la formation de dix en dix ans : fin 1846, 233,260 l. ; fin 1856, 883,176 l.; fin 1866, 2,362,088 l. ; fin 1876, 3,334,476 l.; fin 1886, 4,690,052 l. Tenons compte des quatre crises qui en ont ralenti la croissance. Au 1er janvier 1890, la réserve, y compris les fonds de garantie du Crédit foncier et du Crédit agricole, atteint 5,260,117 l., et le fonds affecté aux oscillations des titres 1,189,134 l., ensemble 6,449,252 l. En 1859 on a décidé qu'elle devrait correspondre à 10 °/₀ des dépôts ; la proportion est dépassée, et de beaucoup. Quelle comparaison établir entre cette réserve et celles des caisses françaises, placées depuis 70 ans sous ce régime d'emploi exclusif en rentes qui prétend pouvoir seul bâtir des institutions solides ? Qu'on rapproche la proportion de Bologne et celle de Paris, de Lyon, de Marseille, de Bordeaux. Il est vrai qu'en France les réserves jouent un rôle moins direct, puisqu'on s'abrite derrière la garantie de l'État ; mais quel danger alors pour l'État ! et garantira-t-il indéfiniment, jusqu'à l'heure prévue l'autre jour par M. P. Leroy-Beaulieu où les dépôts représenteront 8 ou 10 milliards ?

Dès 1863, la Caisse de Bologne avait décidé qu'une fois la réserve arrivée à 10 °/₀ des dépôts, une quotité des bénéfices, le cinquième au plus, serait affectée à des œuvres de prévoyance ou de bienfaisance. Comment a-t-elle ici pratiqué le libre emploi ?

L'excédent des bénéfices a servi à *aider la prévoyance.* — Des primes, de 5 l. au moins, et qui vont jusqu'à 10 %, sont réparties aux petits déposants de professions humbles, pourvu qu'ils aient fait dans l'année au moins 12 dépôts en de certaines conditions. — Une série de concours a été faite entre les sociétés de secours mutuels de la province, des prix ont été distribués à celles qui avaient l'organisation la plus rationnelle, et qui fournissaient le plus d'éléments statistiques pour des tables locales de maladie ou de mortalité. — La Caisse est devenue le trésorier de ces sociétés et des instituts de bienfaisance Elle leur ouvre des comptes-courants avec chèques. Elle paie 6 % sur leurs dépôts jusqu'à 5,000 l. à celles qui n'ont pas plus de 15,000 l. de patrimoine, et jusqu'à 10,000 l. à celles qui ont davantage ; au delà, elle leur sert encore 4 1/2 %. Ce service a été imité, nous l'avons vu, par la *Banca Popolare.* — L'épargne de l'enfance a été introduite en 1876 ; une instruction vulgarisatrice de M. Zucchini a été propagée ; les dépôts sont reçus depuis 1884 sur des cartes à timbres ; des diplômes et des prix sont décernés aux maîtres et aux élèves. — Des livrets *a cumulo per la vecchiaia* permettent aux ouvriers de se préparer des retraites ; on n'y peut faire de retrait partiel, et la liquidation a lieu à 50 ans ; un fonds de 200,000 l. est assigné pour que le revenu en soit réparti à ces livrets, et le produit a été l'an dernier de 12 l. 18. Ce fonds sera le noyau d'une caisse régionale de retraites, si ce système prévaut ; en tout cas le mécanisme permet d'attendre une loi. Il y avait 3360 livrets inscrits au 1er janvier. — En 1866, la Caisse tenta de promouvoir une caisse de retraites pour les employés civils ; n'ayant pas été suivie, elle a créé en 1880 pour son personnel un fonds dans ce but, et il atteignait déjà au 1er janvier 1890 147,398 lires. — Enfin la Caisse a concouru pour 100,000 lires à la *Caisse nationale contre les accidents du travail*, et en est un des sièges.

L'excédent des bénéfices a servi à *aider le travail individuel*. — Il y a 44 ans, la Caisse songea à des prêts gratuits ; l'expérience ne commença que plus tard. En 1884 elle affecta en outre 10,000 l. à des prêts de consommation sur parole, pour des ouvriers présentés par un actionnaire qui atteste leur moralité et leur goût du travail : « la confiance sans conditions peut « être un stimulant plus efficace à la ponctualité « que la crainte des sanctions légales d'une pro- « messe écrite. » Ces prêts ne dépassent pas 50 l. Ils se font à 3,60 %, avec remboursement mensuel de 2 l. 50 au moins. — Une tentative préférable encore a été abordée en 1885, celle de prêts de production. « Tel ouvrier honnête et « laborieux, disait l'initiateur M. Zucchini,

« désire entreprendre un travail rémunérateur, « et manque de ressources ou de crédit; on peut « le sauver par du crédit à taux modéré pour un « temps assez long, avec amortissement propor- « tionné au profit de l'entreprise, sous les « conseils d'une vigilance dévouée pendant la « durée de l'entreprise. » Le maximum est de 500 l., et peut exceptionnellement monter à 1,000 l. Les effets sont à six mois, avec la seule signature du débiteur, à 3,60 % payables par semestre avec amortissement en 5 ans au plus. Un comité exerce une tutelle amie jusqu'à extinction de l'emprunt. 70,000 l. furent attribués à ces prêts. Il n'y a pas eu plus de 4 à 5,000 l. de pertes en trois ans, et dues au décès des emprunteurs. — Ils ont si bien réussi, que l'an dernier on en a créé, de 150 l. au plus pour des ouvrières, par exemple en vue de l'achat de machines à coudre; une somme de 5,000 l., qui va être portée à 10,000 l., est administrée dans ce but par une commission de dames (délicate pudeur), sous la présidence de la marquise Hélène Bevilacqua Marsili. — Au 1er janvier 1890, les prêts gratuits, sur parole, et de production figuraient pour 66,979 l.

Les *travailleurs ruraux* ont eu leur large part dans les deux ordres de bienfaits que je viens de résumer. On se rappelle en outre l'impulsion donnée à la prévoyance par les caisses d'épargne agraires. Quant au travail, 150,000 l. ont été employées en 1884-86 à des prêts à 2 et 3 1/2 % pour améliorations agraires, avec garantie réelle et lent amortissement : il en a été accordé 21 en 1889 ; le fonds est actuellement de 200,000 l. On a soutenu une société de viticulteurs qui poursuit des études pour obtenir de bons vins du pays. On a doté une *Cantina sperimentale* pour vulgariser des méthodes pratiques de vinification. De concert avec le Comice agraire, on a fondé en 1886, à 6 kil. de Bologne, une station de reproducteurs pour améliorer la race bovine. Sur du sol acheté en montagne on a fait des essais de reboisement. On a ouvert des chambres publiques gratuites d'incubation pour les vers à soie, avec le concours des localités séricicoles et de l'Observatoire bacologique royal de Bologne. On a provoqué et récompensé des recherches sur les cultures, sur l'atténuation de la virulence du bacille anthracique. On a contribué à un concours de machines rurales, à un musée didactique avec section circulante pour les écoles ; on a donné 20,000 l. pour l'Exposition Emilienne de 1888 ; on a entretenu des élèves à l'école agricole d'Imola ; on a soutenu des coopératives de *braccianti*, se chargeant directement de travaux pour l'État, la province, les communes.

L'excédent des bénéfices a servi à *procurer du*

mieux-être au peuple. — En 1860, voulant encourager quelque œuvre importante par ses résultats, on donna la préférence à l'amélioration du foyer ouvrier. Tous les aspects matériels et moraux de cette grande question furent entrevus La gratuité fut exclue, par horreur de la charité légale : il s'agissait d'offrir des logements salubres, décents, indépendants, pour un loyer modique. Une société surgit ; la Caisse souscrivit 150,000 l., renonçant à l'intérêt, stipulant que les actions des autres seraient amorties avant les siennes. On bâtit, mais la réussite financière fut médiocre ; lors de la liquidation en 1886, les actions de la Caisse furent à peu près irrécouvrables. Eh bien ! cet échec ne découragea pas la Caisse : « c'est un argent glorieusement « perdu », nous dit M. Zucchini. Bien plus que la première intervention, j'admire la seconde. En 1884 se forma la *Societa cooperativa per la costruzione ed il risanamento di Case per gli operai;* la Caisse y participa pour 50,000 l., dont 5,000 l. en parts, et la loi défendant d'aller au delà, le reste à titre de prêt pour toute la durée de la société, avec intérêt basé sur le dividende. Les débuts sont heureux. Nous verrons plus loin l'autre et récent effort fait par la Caisse dans cet ordre d'idées. — En 1883, elle a organisé un concours pour perfectionner la panification locale ; si le prix de 10,000 l. n'a pas été décerné, l'émulation a amené des progrès réels, et le concours a été rouvert en 1889, l'expérience durant de juillet 1889 à juillet 1890. — En 1886, on était inquiet pour la santé publique ; la Caisse fit augmenter la distribution gratuite d'eau saine aux habitants qui n'en avaient pas dans leurs maisons, et établit des fontaines provisoires dans les quartiers plébéiens.

Là où il n'y a rien autre à essayer, l'excédent des bénéfices a servi à *secourir l'indigence*. Des sommes considérables ont été distribuées aux asiles infantiles, aux hospices marins, aux instituts de sourds-muets, d'aveugles, d'orphelins des deux sexes, de mendiants, de vieillards, d'infirmes, de convalescents. En 1861, la Caisse vote un subside à 100 familles que désignent ses 100 *azionisti*. A la mort de Victor-Emmanuel, elle alloue 30,000 l. à l'Institut de mendicité pour réparer la partie occupée par les enfants. En 1878, quand le Roi et la Reine vinrent à Bologne, elle fonde deux bourses perpétuelles pour un orphelin et une orpheline. Lors du mariage du Roi, elle dote 100 enfants. De 1877 à 1886, elle dépense en œuvres de ce genre 276,937 l. A l'assemblée générale du 5 juin 1890 le crédit voté pour des objets de bienfaisance a été de 35,000 l. sur les bénéfices nets de l'exercice clos.

Lorsqu'en 1887 la Caisse célébra son cinquantenaire, elle pouvait se rendre le témoignage d'avoir fait durant un demi-siècle un bien infini, sous toutes les formes, et d'avoir sans jalousie applaudi, poussé à tous les efforts semblables autour d'elle, caisses d'épargne (elle inspira et M. Zucchini présida leur 1er Congrès à Florence en 1886), caisses postales, banques populaires, concurrence de la *Banca Nazionale* pour le crédit foncier, etc. Cette date, elle l'a fêtée par la création de ses livrets pour la vieillesse, par un don de 100,000 l. aux asiles infantiles, et par un traité avec la ville de Bologne en vue de l'assainissement des habitations populaires. Aux termes de ce contrat, elle a ouvert à la municipalité un compte-courant de 1,400,000 lires, à 2 °/₀, pour 8 ans, avec obligation d'édifier un quartier nouveau où 15,000 m. c. sont cédés gratuitement aux constructeurs de maisons ouvrières ; le solde qui restera dû après les 8 ans sera remboursable en 25 ans, avec intérêt à 4 °/₀. De plus, la Caisse affecte 250,000 l. à des prêts hypothécaires amortissables en 10 ans, sans intérêt pour la première année et à 2 1/2 °/₀ pour les 9 suivantes, en faveur des propriétaires de maisons déclarées insalubres qui y effectueront des travaux d'assainissement approuvés par le municipe.

J'ai résumé l'œuvre de cette admirable institution. Ici encore les objections au régime de libre emploi sont réfutées avec une force irrésistible par une expérience dont la longueur accroît singulièrement la portée. Ici encore j'ai reçu d'hommes éminents et dévoués un témoignage formel au crédit et à l'honneur du système. Avions-nous tort de dire qu'elles aussi les caisses d'épargne moyennes y puisaient la vie ? Ce point est, il semble, acquis. Quand nous aurons vu sur le fait un cas de caisse inférieure encore, que manquera-t-il à la démonstration ?

Le lendemain, dès le matin, nous étions hors la ville, au delà de la porte S. Isaïa, allant visiter le groupe d'habitations qu'a élevé là la *Società per la costruzione ed il risanamento di Case per gli Operai*. Le site est charmant ; on est en pleine campagne, au grand air pur, avec de jolies collines en face. L'actif secrétaire de la Société, M. P. Mariotti, avocat, s'est mis à notre disposition. Le président est M. Alph. Aria, le vice-président M. E. Forlai ; nous remarquons dans l'organisation un fonctionnaire spécial, l'économe, M. E. Buratti. La société n'a que six ans d'existence ; on a vu déjà que le mouvement pour l'amélioration des habitations populaires a passé à Bologne par deux phases.

Le premier effort ne remonte guère à moins de trente ans ; quelle leçon pour les villes qui n'y ont pas songé encore ou y songent à peine ! Une *Società edificatrice di case ad uso delle famiglie meno agiate* s'était formée en 1861. Elle bâtit, mais prospéra peu. Nous avons dit, à propos de l'aide donnée à son entreprise par la *Cassa di Risparmio,* que cette institution avait libéralement consenti à laisser le remboursement des actions commencer par celles des souscripteurs privés. Grâce à ce désintéressement, lorsqu'il fallut liquider, si les fonds de la *Cassa* furent à peu près perdus, les autres actionnaires touchèrent leurs mises et une répartition à titre d'intérêts. Une société nouvelle venait de surgir. M. Zucchini conseilla le remploi du produit de la liquidation en actions de la société naissante : le Roi donna l'exemple, répartissant ses actions aux Asiles infantiles, aux Hospices marins, au Refuge de mendicité ; de nombreuses personnes en firent autant ; on les exonéra de la taxe d'entrée en marque de gratitude. On peut dire que ce concours, venu de l'ancienne société, aida efficacement celle qui se créait.

Elle date du 23 mars 1884. Elle avait pris la forme coopérative, et s'intitulait comme je l'ai dit plus haut. Son programme était excellent. Le but était triple : détruire des logements étroits, malsains, immondes, qui rendent la vie des ouvriers plus misérable au lieu de leur offrir le foyer où le corps se repose et l'âme se récrée dans les joies domestiques ; éloigner de la cité certaines causes de maladies ; empêcher que les plus pauvres ne paient proportionnellement des loyers plus lourds. Les moyens étaient l'achat de terrains sur lesquels seraient construites des maisons décentes, salubres, commodes, en vue de les revendre par annuités aux seuls sociétaires, ou de les leur donner à bail; l'acquisition d'immeubles insalubres à assainir; l'action promotrice pour l'expropriation et la démolition des maisons insalubres. Les statuts, modifiés en 1886, se résument en quelques traits caractéristiques: capital illimité; actions de 50 l. payables 1/10 au moins à l'entrée et le solde par versements hebdomadaires d'au moins 0,50 c., avec déchéance si le souscripteur est en retard de 15 semaines, taxe d'admission de 2 l. par titre; maximum de 100 actions par personne; une voix dans les assemblées, quel que soit le nombre d'actions qu'on possède; amortissement ne pouvant excéder 25 années; droit pour la Société de racheter ses actions en compensation de ses crédits; en cas d'impuissance prouvée de l'acquéreur d'une maison, restitution de la somme perçue comme amortissement, l'intérêt étant retenu comme loyer; sur les bénéfices, allocation de 20 % à la réserve, où vont aussi les taxes d'entrée; les dividendes limités à 5 %.

On a construit dans deux quartiers. — Hors la Porte S. Isaïa, des terrains furent acquis à bas prix, et un premier groupe fut bâti à forfait par une association de neuf maçons. On a élevé là d'une part 8 petites maisons variées, pour la vente; d'autre part, un grand bâtiment distribué en 20 logements, pour la location. Le premier type est dit Bortolotti, le second Lambertini, des noms des deux ingénieurs de la société. Plus tard on construisit 3 autres petites maisons à vendre, et un deuxième immeuble de location, analogue au précédent avec de légères variantes indiquées par l'expérience, et qui comprend 18 logements. — En même temps on avait acheté rue Pratello une vieille maison abominable; on la rasa, et à la place des 3 logements qui s'y trouvaient, on installa 8 logements, avec jardin commun.

C'est naturellement le groupe le plus important, celui de la Porte S. Isaïa, que nous sommes venus voir. — Les deux grands immeubles de location abritent l'un 20 ménages, l'autre 18. Les escaliers sont en ciment, larges, bien éclairés. Les appartements sont vastes, hauts de plafond, pavés à la Vénitienne en pouzzolane. Les murs sont peints à la fresque. Il y a des water-closets, mais non hydrauliques. Chaque immeuble a neuf appartements de 2 pièces, six de 3 pièces, trois de 4 pièces; ceux de 2 pièces coûtent au rez-de-chaussée 80 l. par an, au premier étage 100 l., au second 90 l. Les appartements de 4 pièces sont vraiment très confortables.

Les locataires ont la jouissance d'un jardin commun. Les loyers se payent par mois, au siège social ; il est interdit de sous-louer, ou de loger des tiers, sans autorisation de l'économe.— Quant aux petites maisons cessibles par annuités, cinq sont à un étage, six à deux étages ; les premières sont vendues à 280 l. par an, en 25 annuités payables par trimestre, et les secondes à 370 l. L'intérêt n'est calculé qu'à 4 %.

Tout cet ensemble m'a paru attrayant, et d'une agréable propreté ; « ce qui prouve », disait avec raison le rapport à l'assemblée générale du 24 septembre 1888, « la fausseté de « ce raisonnement qu'il est inutile d'améliorer « les habitations tant que ne sont pas vulgarisées « les habitudes de propreté, comme s'il était « facile de contracter ces habitudes en occupant « des demeures horriblement sales, manquant « d'air et de lumière, et qui poussent à se réfugier dans la rue ou au cabaret ». La société a procuré des habitations salubres et à taux raisonnables à 48 familles ouvrières, elle a vendu 11 maisons indépendantes. Elle compte de 4 à 500 *soci*. Elle a été aidée par la *Caisse d'épargne*, qui en outre de son appui à l'origine a voulu participer pour 5.000 l. en actions et 45.000 l. en prêt sous la seule condition de recevoir comme intérêt ce qui serait distribué comme dividende, par la *Cassa cooperativa della società Operaia* qui gratuitement fait le service de caisse et prête son local pour les assemblées, par la Ville qui a acquis des terrains pour y établir des bains publics. Au point de vue financier, la marche a été prudente. De 1884 à 1887 on a traversé une période de préparation; en 1887 on a passé d'une soixantaine de membres à 400 par l'effet du caractère coopératif et du désir qui s'est répandu dans la population d'avoir qualité à demander une location ou une vente. Jusqu'ici, au lieu de distribuer aux actions des bénéfices extrêmement modestes, on les a portés à la réserve, qui atteignait en 1889 9.317 l. 82, et une part du produit exceptionnel de la cession au municipe a constitué une réserve spéciale de 23.365 l., affectée aux différences éventuelles entre les dépenses de construction et les valeurs réelles. Le capital s'élevait au 1er janvier 1890 à 108.300 l.

Nous ne pouvions cependant quitter Bologne sans porter notre hommage à la cité savante illustrée par huit siècles de renommée. Nous allâmes au Musée Civique et à l'Archi-gymnase, dont les merveilles nous furent montrées par MM. Brizio et Frati, directeurs des sections de l'antiquité et du moyen-âge, et par le prof. Kuinek-Szedlo, bibliothécaire du municipe. Comme se raviva ainsi le contraste, qui nous avait saisi dès l'arrivée, entre ces temples de l'érudition ou de l'art et les œuvres modernes du progrès démocratique ! La veille au soir un splendide banquet avait été offert aux délégués Français par le conseil de la *Banca Popolare*, qu'entouraient des représentants de toutes les institutions visitées et de la presse. Parmi tant de toasts éloquents qui y furent prononcés par le comte F. Isolani, M. Luzzatti, M. Zucchini, M. Sandoni au nom du municipe, MM. Rava, Pini, Carpi, Bignami, d'Apel, deux idées m'avaient particulièrement frappé : le noble témoignage rendu par M. Zucchini de l'accord profond qui existe dans son pays au lieu de dédain ou de jalousie entre les caisses d'épargne libres et les banques populaires ; la vibrante protestation de M. Luzzatti contre les mauvais patriotes qui dans les deux nations entretiennent les malentendus et y échoueront... Ces impressions diverses, elles se résumaient au moment du départ dans le courtois empressement de nos hôtes tous accourus, dans leur rapprochement, nouveau symbole de la généreuse concurrence de leurs institutions, dans les cris de *vive la France! vive l'Italie! vive Bologne!* qui se mêlèrent tandis que le train nous emportait vers Padoue...

VI

Padoue

Notre obligeant et illustre guide nous avait devancés, tenant à nous dire la bienvenue au seuil de sa chère Padoue : quoique Vénitien de naissance, Luigi Luzzatti est ici chez lui, il y a sa résidence habituelle, il occupe avec éclat la chaire de droit constitutionnel dans la vieille Université, il représente la cité au Parlement. Il est là qui nous accueille à l'arrivée du train, avec son bon sourire, infatigable à notre service, entouré de ses collègues de la *Banca Popolare* dont il est président d'honneur, le prof. E. Bellavitis, MM. G. Da Ponte et G. Viterbi, avocats, M. A. Faccanoni. Avec eux voici le comte A. Emo Capodilista, président de la *Caisse d'épargne*, pour la municipalité M. A. Marzolo, un des assesseurs du syndic, le jeune fondateur des *Casse Rurali* et de leur *Fédération*, le docteur Léon Wollemborg, qui nous en a excellemment exposé le système à Menton. Et voici pour la *Società di Solferino e S. Martino* le président M. Breda, M. C. Maluta et le comte L. Dolfin, directeurs. C'est le même courtois empressement qu'à nos précédentes étapes.

Mais tandis qu'on nous présente à ces amis inconnus, croyants d'une même cause, un nom a brusquement détourné notre esprit des pensées qui sont l'objet de notre voyage, ce nom d'association qui résume la fraternité de nos deux pays dans la gloire. Et comme si nos hôtes avaient deviné cette impression secrète, ou plutôt par la plus délicate prévenance, ils donnent ordre aux carrosses municipaux de conduire avant tout les Français près du Musée Civique, au Musée de Solférino. En vérité je ne peux me défendre d'y arrêter un moment ce récit. Nous sommes reçus par les directeurs, à qui s'est joint un autre député de Padoue, gentilhomme d'âme comme de race, le comte Gino Cittadella Vigodarzere. Le président, le comm. Vincenzo Stefano Breda, ancien député, qui occupe dans la grande industrie à Terni comme il a tenu dans les affaires publiques une situation considérable, nous fait parcourir la salle, peuplée des documents de la journée du 24 juin 1859. C'est l'immense carte géographique de la bataille, don de l'Institut topographique militaire de Florence; ce sont les trophées d'armes, les canons enlevés, les bustes de l'empereur Napoléon III, du roi Victor-Emmanuel, des généraux tués à l'ennemi, Dieu, Auger et Arnaldi, les portraits des six maréchaux de France et des cinq généraux italiens qui commandaient des divisions, et mille reliques précieuses, entre lesquelles nous nous arrêtons à lire des lettres jaunies ramassées sur d'humbles combattants.

Pourquoi donc est-ce à Padoue qu'est échue cette émouvante collection? Par ce motif, honneur de la cité, que lorsque l'œuvre surgit en août 1869, Padoue fournit un nombre d'adhérents supérieur à celui d'aucune autre ville importante. Les promoteurs étaient le sénateur Torelli et le député Cavriani; M. Breda fut un de leurs premiers auxiliaires, et élu vice-président, comme il a été un des plus généreux souscripteurs. Il s'agissait d'ériger aux victorieux comme aux vaincus, à Solferino pour les Français et les Autrichiens, à S.-Martino pour les Autrichiens et les Italiens, deux Ossuaires, où les parents, les compagnons d'armes, les amis pussent venir honorer les restes de leurs morts. Les Ossuaires ont été élevés, puis une grandiose Tour destinée à renfermer des tables commémoratives. On va les voir de Desenzano; le roi Humbert y est encore allé le 26 août cette année, de Mantoue. Peu à peu la Société est devenue une véritable institution, dont le statut a été fixé en 1880, dont le siège légal est Padoue. Elle a recueilli des populations, des députations provinciales, des juntes communales, de l'armée, des associations (au nombre desquelles la *Caisse d'épargne de Milan*), de donateurs (entre lesquels je lis le nom du Prince impérial), un capital qui n'atteint pas moins de 873,149 l. Il a été remis au gouvernement français 427,448 l. pour les blessés français ou les familles des décédés ; les intérêts d'un fonds de 176,000 l. sont distribués en primes périodiques de 100 l. aux familles des soldats italiens.

Il est quelque chose de plus beau que les enivrements de la gloire, et d'une plus haute portée morale : c'est la piété exquise et noble qui apprend aux générations suivantes à quel prix un peuple l'acquiert, qui veille sur les mémoires des plus modestes citoyens tombés pour une grande cause, qui maintient dans une nation la vérité historique et lui enseigne à se souvenir. L'institution admirable qui s'intitule *de Solferino* avant tout, contrairement aux légendes répandues dans notre pays par les fauteurs de haines inutiles, perpétuera, quoi que disent ou que fassent les faux patriotes d'une école similaire au delà des Alpes, l'œuvre accomplie il y a 31 ans, cette libération réclamée si longtemps en France (on l'oublie trop) par tous les partis et que la France de 1859 réalisa. Devant le trésor commun, le comm. Breda évoqua avec une émotion égale à la nôtre ces souvenirs, déclarant que l'association fait non seulement œuvre de piété, mais de gratitude fidèle, et que les vicissitudes de la politique n'ébranleront jamais les sentiments profonds qui lient les cœurs des deux peuples...

Nous ne nous sommes permis aucune digression pour les fêtes brillantes de ce voyage : qu'un pèlerinage de patriotisme fasse excuser celle-ci. Et rentrons dans le domaine de nos observations économiques ou sociologiques, de même que du Musée de Solferino on nous mène à la *Banca cooperativa Popolare* rue Maggiore.

Comme à Milan la *Banca Popolare* avait récemment perdu quand nous y passâmes son chef hors pair Lisiade Pedroni, nous trouvions celle de Padoue veuve du président qui en vingt-deux ans de gestion en fit une des plus solides et des plus remarquables, Maso Trieste ; il était mort au moment où le jury de notre Exposition d'Economie sociale venait de décerner à son institution une médaille d'or. Au conseil d'administration, dont la présidence est occupée par le comm. D. Coletti, avocat, la vice-présidence par MM. J. Salvadego et le baron Treves dei Bonfili, s'est joint pour nous recevoir M. Luzzatti, qui fonda la Banque, qui en est resté président d'honneur, qui y exerce, étant fréquemment sur les lieux, une action personnelle constante. Après que conduits par le directeur, M. A. Solda, il nous a fait parcourir les services, il nous ramène dans la salle du conseil. Et là, après un tribut de regrets à la mémoire de son collaborateur Trieste, de qui le portrait continue d'inspirer les délibérations, il tient à nous raconter lui-même l'histoire, à nous décrire l'organisation de la société.

Peut-être est-elle sa fille de prédilection. Bien moins puissante que celle de Milan (Padoue est une ville de 70,000 âmes), elle a mérité la haute récompense qui lui a été dévolue l'an dernier par la sûreté de son fonctionnement, son exacte adaptation au but d'une œuvre de crédit démocratisé, son laborieux, modeste et infatigable cheminement dans la voie droite, ses expériences heureuses des formes variées de sa tâche, l'abondance et la clarté sobre de ses statistiques. Elle est née vers la fin de 1866, peu après celles de Lodi et de Milan. Au terme du premier exercice, 1867, elle comptait 722 actionnaires et 1,154 actions, elle avait un capital de 57,700 l. et une réserve de 3,352 l. Au 1er janvier 1890, le nombre de ses affiliés est de 4,310, celui des actions est de 22,121 ; le capital atteint 1,106,050 l.; la réserve, divisée en ordinaire (378,836 l.), extraordinaire (34,028 l.), spéciale aux valeurs (78,664 l.), monte à 491,529 l., ce qui est presque la moitié du fonds social ; il est vrai qu'à Bologne elle égale à peu près ces fonds, mais la moitié est déjà une proportion bien forte.

Les statuts, plusieurs fois révisés, notamment en 1883, sont pour les dispositions essentielles semblables à ceux des bonnes et saines coopératives de crédit. Il est à propos cependant d'y noter quelques traits. La *Banca* s'est attachée plus scrupuleusement qu'aucune autre aux principes de la coopération. Ainsi elle ne fait d'affaires qu'avec ses membres, sauf pour les versements en dépôts et comptes-courants, exception qui se justifie d'elle-même. Les petites opérations ont la priorité sur les grandes : en 1889, sur 12,346 opérations d'escomptes et prêts, 9,576 ont été inférieures à 1000 l. La réserve ordinaire est fixée au tiers au moins du capital, alors que la loi se contente du quart. On a formé avec la plus-value des titres en fin d'exercice une réserve affectée à combler le cas échéant le déficit que produirait une baisse, et une réserve extraordinaire a été destinée à assurer un dividende de 5 °/₀ si les bénéfices de l'année n'y suffisaient pas. L'assemblée générale règle seule le maximum des sommes qui pourront être employées soit en comptes-courants de banques, soit en valeurs de l'Etat, des provinces, des communes, afin que le patrimoine social ne soit jamais à la merci des administrateurs.

Recherchons sur les résultats de l'exercice clos au 31 décembre dernier par les professions des sociétaires, par le nombre et le *quantum* des opérations faites avec eux, si l'établissement est fidèle à sa mission. Sur les 4310 *soci*, nous relevons 399 petits agriculteurs, propriétaires ou fermiers et métayers, 120 journaliers ruraux, 1121 petits industriels, commerçants, artisans indépendants, 300 ouvriers, 1094 employés, maîtres d'école ou *professionisti*, 780 personnes sans métier bien déterminé, soit 3814 adhérents et clients des classes les moins aisées contre à peine 496 agriculteurs, industriels ou commerçants d'une condition plus importante. En moyenne tout ce monde ne possède pas plus de 5 1/7 actions par tête. Sur un total d'escomptes et de prêts représentant 13,347,523 l., il en a été fait pour 579,919 l. avec de petits agriculteurs, pour 176,594 l. avec des *contadini*, pour 3,121,366 l. avec de petits patrons ou artisans, pour 206,887 l. avec des ouvriers, pour 2,214,931 l. avec des employés et instituteurs, pour 2,168,353 l. avec des personnes sans métier déterminé, soit ensemble pour 8 millions 1/2, en 11123 opérations contre 1223 opérations avec des gens plus à l'aise. Les petits jouent donc bien le premier rôle ; c'est à eux que l'institution distribue surtout le crédit.

Le distribue-t-elle à bon marché ? Ce n'est pas un point moins important à voir.

Le coût du crédit est, comme la qualité des clients et le nombre des opérations, un des éléments les plus dignes d'attention dans le fonctionnement d'une banque coopérative. Celles d'Allemagne ont un taux d'escompte plus élevé que la Banque de l'Empire ; en Italie l'abondance des dépôts a permis aux associations prospères d'atteindre le degré de force qui assure le *fara da se*. Ainsi nous avons noté à Bologne un taux constamment inférieur à celui de la *Banca Nazionale*, 5 1/4 °/o au lieu de 6. Sans qu'on en soit tout à fait là à Padoue, nous relevons qu'en vingt-trois exercices le taux pratiqué pour les effets à trois mois a dépassé pendant une durée de deux ans et demi seulement le taux de la *Banque Nationale* ; il l'a égalé le plus souvent, au moment de notre passage par exemple ; bien des fois, en 1867, en 1876, en 1884, en 1885, en 1886 il était au-dessous, 5 au lieu de 5 1/2, 4 3/4 au lieu de 5 ou 5 1/2, 5 1/2 au lieu de 6. Depuis 1877, les provisions, qui étaient de 1/4 °/o pour les escomptes et de 1/2 sur les renouvellements, ont été absolument supprimées.

Le lecteur aura remarqué, dans notre analyse de la clientèle et des affaires, le concours fourni à l'agriculture et à l'industrie agricole. Cela n'est pas indifférent pour nous, qui en sommes toujours à nous demander s'il peut exister un crédit agricole. Depuis longtemps, même avant la loi de 1887, la *Banca cooperativa Popolare di Padova* accordait aux grands ou petits agriculteurs, aux fermiers, aux ouvriers de la terre, des prêts avec renouvellements partiels, sous la simple garantie personnelle, ou sur gage en bestiaux soit laissés à leur propriétaire garant comme un sequestre, soit assurés avec dépôt de la police; ce système n'a pas les inconvénients d'autres avances, n'oblige pas à des frais de transport, ne contraint pas le paysan à faire connaître sa situation, n'exige pas de lui une seconde signature onéreuse à obtenir. Très intelligemment, pour disposer des fonds nécessaires à aider des opérations toujours longues, la *Banca* a créé des bons nominatifs à échéance fixe; au 1er janvier 1890, elle en avait en circulation pour 1,200,618 l., avec lesquels elle sait qu'elle peut prêter à l'agriculture pour l'amélioration des terres, l'achat ou l'élevage du bétail, l'attente des ventes. En 1882 des inondations ravagèrent la province; la *Banca* fit aux cultivateurs qui avaient vu leurs campagnes abîmées de petits prêts (ce qui vaut mieux en pareil cas que des secours) remboursables en 10 ans par semestres, à 2 %, pour un total de 295,417 l., la province garantissant la perte éventuelle. Elle aide les *Casse Rurali* par des conditions de faveur; elle leur a pris en 1889 28,700 l. de papier tout petit. En somme, depuis son origine, elle a employé en prêts à l'agriculture 52 ou 53 millions.

La confiance du public a été, à Padoue encore, par le moyen des *depositi fiduciari*, une des principales causes grâce auxquelles il a été possible de rendre tant de services aux classes les moins aisées des champs et de la ville en n'usant que peu du réescompte. A la fin du premier exercice, la *Banca* avait pour 133,556 l. de dépôts. Au 1er janvier 1890 j'y trouve en comptes courants libres, de *banco giro* (à retraits à vue et taux minime)ou *vincolati* 4,232,396 l., en livrets d'épargne soit nominatifs, soit au porteur, de 1 à 3,000 l., 400,510 l., en bons de caisse 1,200,618 l., ensemble 7,318,412 l. Encore voudrait-on voir s'étendre davantage les dépôts d'épargne, auxquels on ne sert pas moins de 4 1/4 °/₀ d'intérêt.

L'ensemble de l'institution, qui a eu en toutes ses parties le même développement graduel, et dont le mouvement général d'affaires va au delà de 3 milliards de 1867 à 1890, est animé d'un haut esprit de bien social. Par exemple ce qui a été fait au profit du personnel, l'organisation des prêts sur l'honneur, certains emplois intéressants d'une partie des bénéfices pour des objets d'utilité publique ou de bienfaisante prévoyance, offrent assez d'intérêt pour être expliqués.

Pour son personnel, la *Banque populaire de Padoue* a deux modes de patronage — Pendant le service, elle donne à qui ne démérite pas une augmentation tous les trois ans, la première de 5 °/₀, les deux suivantes de 10 °/₀, soit 25 °/₀ après neuf ans. — En vue de la vieillesse ou de la mort, elle a organisé en 1877 une *cassa di previdenza*, dont elle a dit en 1889 : « la fondation nous en a été inspirée par la lecture du « livre de M. A. de Courcy. » A Milan déjà nous constations deux fois cette influence, loyalement avouée, d'un système français ; les caisses de patrimoine sont plus répandues en Italie, surtout dans les banques populaires, qu'au pays du philanthrope qui les imagina. Celle-ci, née la seconde, fut dotée de 6,527 l., et s'alimente d'une quotité sur le 10 % des bénéfices applicable aux employés, de retenues de 20 % sur les augmentations de salaires, du produit de certaines déchéances. La répartition s'opère sur la base des traitements. Fin 1889 l'actif était de 145,992 l., placés en rentes et en obligations des provinces de Padoue, Vicence, Trévise. Il s'est fait déjà 10 ou 12 liquidations ; citons comme exemples : après sortie ou maladie 7,470 l. à un sous-directeur en 1883 (9 ans de services), 5,608 l. à un comptable en 1886 (15 ans), après décès 16,589 l. à la famille d'un caissier en 1884 (15 ans), 3,663 l. à celle d'un commis en 1881 (9 ans), 4,518 l. à celle d'un simple garçon en 1887 (11 ans).... Quelles ressources aux heures d'éprouves !

Les prêts sur l'honneur sortirent ici de l'idée qu'à côté des travailleurs aidés par un crédit impossible ou trop onéreux sans la Banque, d'autres n'étaient même pas en mesure d'épargner la somme nécessaire pour souscrire une action. Aussi destina-t-on ces prêts aux non-sociétaires. Ils datent de 1880. Le règlement en fut élaboré avec 12 sociétés de secours mutuels, et remanié à six reprises. Un comité d'escompte, formé de 2 membres du conseil de la Banque et de 3 représentants de chaque société mutualiste, examine les demandes ; un comité directeur de 3 personnes, annuellement élu par les délégués des mutualistes et un délégué du conseil, prononce sans appel. Pour solliciter un prêt, il faut ne pas être actionnaire, exercer un métier, lire et écrire, être notoirement honnête et laborieux, être inscrit depuis deux ans à une société mutuelle dont la présidence s'oblige à surveiller l'exécution de l'engagement. Les prêts ne peuvent excéder 100 l. Jusqu'à 30 l. ils sont remboursables 1 l. au moins par semaine, et au-dessus, à raison de 2 l. Sauf cas exceptionnels, nul n'obtient un deuxième prêt s'il n'a ponctuellement restitué le premier, ou moins de deux mois depuis sa libération, ou moins d'un an après si on a emprunté trois fois. Celui qui ne s'est pas acquitté exactement n'est plus admissible. La gratuité a été écartée ; l'emprunteur paye 2 % qu'on portait autrefois à un compte pour lui acheter une action, et qui aujourd'hui, cet achat ayant paru trop lent, va à une réserve spéciale parer aux pertes et ensuite parfaire 4 % à la Banque. Chaque année l'assemblée générale fixe la somme disponible en prêts d'honneur, qui a été longtemps de 6,000 l. et est maintenant de 8,000. En dix ans il a été effectué 3,410 prêts, de 45 à 50 l. en général (moyenne excellente pour ces opérations), et pour un total de 153,678 l. ; les pertes liquidées n'ont pas atteint 3,000 l.

La Banque avait sagement attendu, pour essayer ses *prestiti all'onore*, de pouvoir affecter à un capital de précaution contre les pertes un prélèvement sur les gains, qui de 1,000 l. est arrivé à 6,500 l. environ. Elle a fait de ses bénéfices d'autres emplois bien intéressants. De même que parmi les ouvriers urbains, il se trouve parmi ceux des champs tels humbles hors d'état de s'affilier à la société ; elle forma, pour leur livrer une action gratuite au prix nominal de 50 l., un fonds qui s'élève à 2,216 l. Elle a participé au fonds de garantie de la coopérative d'assurances sur la vie la *Popolare*, qu'elle représente à Padoue comme la *Caisse Nationale d'assurances contre les accidents du travail*. Elle a consacré 2,075 l. à deux bourses de trois ans à l'Institut agricole de Brusegana au profit d'un orphelin de l'asile local et d'un fils de sociétaire, 1,900 l. à une salle de travail avec machines à coudre pour des ouvrières pauvres, 10,180 l. à une laiterie vendant du lait pur, 1,000 l. en bourses de trois ans aux *Ospizii Marini* pour envoyer aux bains de mer des enfants de préférence fils de sociétaires, 4,540 l. au paiement de primes d'assurances ouvrières contre les accidents. Elle a établi des prix aux écoles du soir pour les employés du commerce, à l'Ecole provinciale professionnelle pour les sociétaires ou fils de sociétaires qui la fréquentent, au concours agricole régional de Vérone pour la meilleure et la moins coûteuse formule de cession de notes de travaux (depuis 1867 elle a fait pour 370,816 l. d'avances sur notes liquidées de travaux). Tout cela est bien, suivant le mot dont elle use, de la *bienfaisance prévoyante*. Le fonds alloué à cet objet restait de 11,009 l. au 31 décembre dernier.

Tout en ayant eu de son rôle, dans sa sphère restreinte, cette haute conception, la *Banca Popolare* de Padoue a-t-elle moins rigoureusement obéi aux vrais principes financiers ? La confiance dont elle jouit dans la cité, auprès de toutes les banques coopératives de la péninsule, et des principales institutions de crédit, même à l'étranger, prouve sa solidité. Nous avons vu l'importance relative de ses réserves. Dans ses emplois elle ne perd de vue ni la sûreté ni la facile mobilisation : fin 1889 elle n'avait immobilisé que 40,000 l. en son hôtel et 32,700 l. en maisons prises comme paiement de créances ; son portefeuille réescomptable représentait

4,277,214 l, l'encaisse approchait de 500,000 l. ; elle possédait 2,702,526 l. en valeurs de l'Etat ou garanties par l'Etat, des provinces, des communes. Sur un bilan de 11 millions à peu près, les effets en souffrance atteignaient à peine 63,890 l. Elle n'est pas asservie au réescompte. Ses frais sont modérés ; ils se chiffrent en 1889 par 128,657 l. (dont 36,172 l. d'impôts). Les bénéfices nets de l'exercice montent à 111,638 l, qui ont été répartis comme suit : aux employés 10,946 l., à la réserve extraordinaire (l'ordinaire étant complète) 2,176 l., aux actionnaires 98,515 l. C'est 4 l. 50 par titre de 50 l. L'année précédente on avait donné le même dividende, en 1887 8 1/2 %, en 1886 8 1/2, en 1885 8, en 1884 8, en 1883 9, en 1882 8 1/2, en 1881 et 1880 7. Depuis vingt-trois ans on est allé cinq fois à 10, 12, 14 %, on n'est descendu qu'une fois à 5. Du 9 % les deux dernières années, je ne vois pas là non plus d'ébranlement par la crise.

Retenons de ces faits une fois de plus que dans la coopération la prospérité matérielle n'est pas desservie, mais est encore activée, en même temps qu'elle est ennoblie, par une certaine préoccupation d'idéalité morale et sociale. Les coopératives sont des unions de personnes autant et plus que des agglomérations de capitaux. On y pratique dès lors la gratitude envers les serviteurs de la cause. Ainsi c'est à l'unanimité que dans leur assemblée générale du 2 mars 1890 les actionnaires de la *Banca Popolare di Padova* ont décidé la fondation d'une œuvre de bienfaisante prévoyance à la mémoire et sous le nom de leur président regretté Maso Trieste, en faveur des artisans de la ville sociétaires ou fils de sociétaires, et des plus petits cultivateurs du district, de préférence sociétaires ou fils de sociétaires ; pour les premiers, des prix seront créés à l'Ecole de dessin et de plastique de la province ; aux seconds, de concert avec le Syndicat agricole, on avancera des fonds pour acheter du soufre, du sulfate de cuivre, les engrais indispensables à l'agriculture intensive. Les chiffres ne sont rien en de tels votes, la pensée est tout. Aucune récompense ne serait plus douce, s'ils la prévoyaient, aux hommes de dévouement qui s'en vont que de se survivre dans le bien réalisé; aucune vertu n'honore davantage une association populaire que le sens intelligent et la reconnaissance fidèle des services rendus par un esprit et un cœur d'élite.

En quittant la banque coopérative de la rue Maggiore, nous allons, suggestif contraste, détente et court délice de l'esprit transporté à près de six siècles en arrière, rêver dans la Chapelle de Giotto. Puis, après ce bain d'art idéaliste jusqu'au mysticisme, perdu dans les visions terribles ou ravissantes de l'au-delà, nous rentrons dans la vie terrestre de notre temps, dans le cercle réaliste et si beau pourtant de notre étude...

On nous conduit à la *Cassa di Risparmio*. Nous y sommes reçus avec la plus gracieuse courtoisie par le président, quelques-uns des conseillers, le comte F. Dolfin, M. J. Maluta, le directeur M. Th. Bellini. Le comte Antoine Emo Capodilista, président, porte un des grands noms de la province, un nom patriote et populaire ; il appartient à l'une de ces vieilles familles qui s'étant solidarisées avec la cause nationale, retrempées et renouvelées dans l'instinct et l'effort du progrès, en sont récompensées par la fidélité de la sympathie publique. C'est un homme de savoir et d'expérience, doux, d'une bonté visible, d'une modestie réservée qui n'ôte rien, on le verra, à la fermeté de son esprit et de son caractère. Le conseil d'administration est composé de cinq citoyens élus par le Conseil communal et de deux négociants nommés par la Chambre de commerce ; l'institution est par là moins pleinement autonome que celle de Bologne, qui existe, se meut, se régit par elle-même, mode de vie organique bien préférable, car il n'est jamais influencé par les erreurs ni les mobilités d'élections politiques ou au moins faites à d'autres points de vue, et il ne s'y mêle aucun élément étranger au but spécial. Cette demie indépendance s'explique par une raison historique.

Il me semble qu'une cause du même genre justifie divers traits particuliers. Nous entrons, nous parcourons les bureaux. L'hôtel est insuffisant, les services sont à l'étroit ; ce n'est point l'ampleur utile qui ailleurs nous frappa. Dans ces installations resserrées, dans les locaux même, une sorte d'excessive prudence, de timidité presque est sensible, qui se retrouvent au fond des choses, dans les réglementations statutaires par exemple, et jusque dans les habitudes de dépense (on n'imprime pas les documents, ce qui est loin du luxe louable noté à Bologne). Me trompé-je en croyant discerner en tout cela une suite des faits d'origine, comme pour l'autonomie incomplète? Il a fallu, nous le verrons, pour s'affranchir, pour évoluer vers la liberté, vaincre de grandes difficultés, dès lors renchérir de mesure et de précaution, ce qu'on a fait avec beaucoup de sagesse et de finesse. On se dispose maintenant à se transférer dans une résidence plus digne du rôle joué, où les installations seront mieux en rapport avec les besoins; et l'on a raison, car outre que les méthodes nouvelles de travail exigent un certain outillage, le culte rendu à l'esprit de prévoyance ne doit pas être trop parcimonieux, il est bon qu'il parle aux yeux du peuple. — Il est vrai d'ailleurs qu'il faut tenir compte du milieu plus restreint : Padoue compte au plus 70,000 habitants, et la Caisse n'a pas de succursales ; son stock de dépôts est de 10 à 11 millions. C'est dire que par un heureux effet de notre itinéraire nous sommes devant un troisième terme de notre enquête quant aux caisses d'épargne : après le type *supérieur*, Milan (400,000 âmes, 117 filiales, 433 millions en dépôts), et le type de grandeur *moyenne*, Bologne (120,000 âmes, pas de succursales, 32 millions), Padoue nous fournit un type d'ordre pour ainsi parler *tertiaire*, avec 70,000 âmes, un seul établissement, 11 millions.

Voilà un motif d'intérêt pour l'observation. I y en a un autre. Le régime de libre emploi à Padoue n'est pas ancien, il a été conquis sur une condition moins saine. Nos lecteurs se rappellent que nous avons rencontré déjà, à Gênes, une caisse d'épargne enchaînée à un Mont-de-Piété, plaçant tout son capital en un compte-courant unique ; la Caisse de Padoue était un des établissements de cette classe. Ce n'est pas là un régime identique à celui dont nous combattons en France l'excès ; et l'adduction, même totale, à la Dette d'État vaut mieux. Pourtant il ne faut pas méconnaître que c'était encore une utilisation sur place, décentralisée, et que faciliter par les prêts du peuple économe l'existence ou le travail du peuple moins aisé, aider une institution qui fait non pas du crédit usuraire (comme beaucoup le croient) mais plutôt une sorte de mutualité, faire cela avec la sûreté de nantissements, c'est un système dont l'origine se conçoit, dont le principe peut être défendu. Il est très pratiqué en Espagne ; la plus ancienne caisse d'Alsace-Lorraine, celle de Metz, se distinguait de presque toutes les caisses françaises par sa connexion au Mont-de-Piété, qui la créa en 1819; telle autre verse encore au Mont-de-Piété de sa ville le plus clair de ses bonis. Mais le vice commun au régime Étatiste et à celui-là, c'est l'asservissement, l'unicité d'emploi. En dehors de tel ou tel côté défectueux que présente le système, il est faux en soi de lier une caisse d'épargne à une absorption exclusive, de détourner et de noyer stérilement dans un emploi unique et forcé des capitaux dont la provenance même exige la fécondité. Il sera instructif de constater sur le fait comment on a éprouvé à Padoue le besoin de se dégager de ce régime, comment la routine s'opposait à une réforme, quelle circonspection durent avoir les émancipateurs, quels résultats avait la dépendance et eut la liberté recouvrée relativement aux deux fonctions de l'institution.

Il était impossible pour cette recherche de recourir aux documents publiés, puisque la

Caisse de Padoue n'en publiait pas; et sous ce rapport aussi, elle compte imiter ses sœurs à l'avenir, ce qui est bien souhaitable. C'est donc au zèle intelligent et obligeant de la présidence que mes renseignements sont dus. L'analyse de ce cas remarquable de rupture avec un régime erroné mérite ainsi d'autant plus l'attention du lecteur qu'elle est faite sur des pièces inédites copiées aux archives de l'établissement ou du municipe.

C'est une histoire instructive que celle qui se dégage de ces documents On y voit, dans une ville à population peu importante, une institution modeste, longtemps enchaînée à une conception fausse, et qui par le viril bon sens de quelques citoyens se réforme non seulement avec courage, mais avec la prudence sans laquelle le vrai progrès ne s'accomplit pas. Il est attachant de suivre les phases de cette histoire dans les rapports au conseil d'administration et au conseil communal, dans les procès-verbaux des discussions, dans les comptes-rendus des deux périodes.

L'asservissement à l'unicité d'emploi dura près d'un demi-siècle La Caisse, fondée en 1822 pour célébrer la naissance de l'héritier de l'empire d'Autriche, avait été tout de suite liée au Mont-de-Piété, gérée par lui, et plaçait en ce compte-courant la totalité des dépôts. Ce n'est qu'après l'indépendance nationale conquise, que l'esprit public se formant, des vues plus modernes se faisant jour, on songea à secouer le joug d'un système attardé. En août 1866, le Conseil communal est saisi d'un projet. L'étude fut si réfléchie, qu'elle aboutit à peine en novembre 1868. Le rapport constate que le régime n'a pas répondu au but visé, que la Caisse a végété ou souffert, que l'activité régionale a langui, qu'il suffit de comparer ces résultats au magnifique développement des Caisses lombardes, romagnoles, toscanes, nées avec l'autonomie, et dont elle fit la force pendant cinquante ans de crises économiques ou politiques. A Padoue, l'épargne est faible ; le taux d'intérêt alloué étant immobile, les lois du libre marché, aussi précises que celles de la gravitation, sont ignorées du peuple ; en cas de crises, la Caisse est assaillie de retraits à l'heure où le Mont-de-Piété a le plus besoin d'argent. « Les économistes qui ont le plus d'auto-« rité ont condamné, dit le rapporteur, le sys-« tème qui enchaîne l'épargne en Italie aux « Monts-de-Piété, en France à la Dette d'Etat, « et recommandé comme la meilleure organisa-« tion celle qui, au lieu de stériliser les épar-« gnes, les rendent à leur fonction naturelle. »

Les deux principes de la réforme, l'*autonomie* et la *pluralité d'emplois*, étaient formellement posés. On devine quelles clameurs poussaient les intérêts qui jusque-là profitaient de cette stagnation, les esprits faux, les gens qui confondent la sagesse avec la routine. Entr'autres objections, on s'écriait que la Caisse affranchie inspirerait bien moins de confiance, et serait compromise. Les hommes de clairvoyance et de foi qui soutenaient la réforme répondaient en propres termes : « non seulement elle vivra, alimentée par l'épar-« gne peu aventureuse qui ne suit pas les cou-« rants hardis de la banque, mais elle rendra des « services considérables ; tout est de fixer des em-« plois sûrs, en se contentant de bénéfices modes-« tes à raison du but ». Les emplois proposés étaient d'abord les prêts au Mont-de-Piété pour respecter la tradition locale, les prêts à la province et aux communes, les prêts sur première hypothèque, les rentes et bons du Trésor, les obligations de crédit foncier, et même (en dépit de vives résistances) l'escompte, mais limité à une somme correspondant au dixième des dépôts.

Le groupe libéral l'emporta. « Je sentais pro-« fondément », m'a dit le comte Capodilista, aujourd'hui président, « que ce serait pour le « bien général. » Un décret du 18 décembre 1869 donna à l'Institut un conseil d'administration propre, et ratifia les statuts. La nouvelle organisation entra en activité le 20 avril 1870. Pour ménager la transition, la Ville ajoutait sa garantie jusqu'à concurrence de 200 mille l. tant que le patrimoine n'atteindrait pas ce chiffre ;

depuis 1881, on a pu stipuler que la garantie jouerait si le patrimoine demeurait inférieur à 500,000 l.

Quatre ans après, le comte Capodilista, demandant des améliorations statutaires suggérées par l'expérience, attestait l'excellence de la réforme accomplie. Au moment de l'évolution, on n'avait même pu dresser de bilan ; on avait trouvé le dernier exercice en perte, la réserve insignifiante, les dépôts peu élevés. Le conseil, sans congédier le personnel ancien, avait réussi à établir une situation dès le 31 octobre 1870 ; malgré les détracteurs, et l'hostilité même d'une partie de la presse, la confiance publique n'avait pas défailli; les dépôts s'étaient accrus, et continuèrent de grandir malgré deux abaissements d'intérêt. Une aide efficace avait été fournie au travail régional. Ce que le comte Capodilista ne disait pas, c'était le concours qu'avait apporté à la transformation sa foi inaccessible aux doutes pessimistes. Les modifications proposées en 1872 aux statuts étaient nombreuses ; j'y remarque l'élargissement des modes d'emplois, la faculté de déposer l'excédent de numéraire dans les institutions locales « de première solidité » choisies par le conseil (et non dans un coffre d'Etat). Le débat avait ramené un examen approfondi des deux doctrines : on y avait rappelé à ceux qui préconisent l'adduction exclusive à l'Etat qu'en

1848 les caisses françaises passèrent par une épreuve terrible, « parce qu'elles s'étaient jetées « entièrement dans les bras large ouverts de « l'Etat », et que les caisses italiennes avaient échappé au péril pour s'être fiées à une liberté maniée avec prudence. Et M. Frizzerin avait dit le mot que retrouvera M. Léon Say : « les caisses « italiennes sont libres, celles de France qui por- « tent ce nom sont toujours des agences d'Etat. »

Un décret du 4 juillet 1874 approuva les nouveaux statuts, qui sont encore en vigueur, avec quelques dispositions introduites par décret du 31 juillet 1881. La discussion de 1880 témoigne une fois de plus de la fécondité de la réforme de 1873. Une part des résultats obtenus était reportée à la gestion : on avait donc sans peine recruté, là comme dans les grandes cités, de bons, intelligents, probes, sages administrateurs, alors que les fétichistes du *statu quo* en France prétendent chimérique d'en chercher s'ils cessaient d'être de simples collecteurs versant le soir aux guichets d'Etat.

Avions-nous le droit de dire qu'en dépit des différences entre les deux cas, l'histoire de la Caisse de Padoue abonde en enseignements pour les Français qui étudient la question à l'heure actuelle ?

Il nous reste à voir de quelle façon la Caisse de Padoue s'est acquittée et s'acquitte de son double rôle sous l'un et l'autre régime : ce sera juger au fond l'un et l'autre.

C'est un cas rare et curieux que l'occasion qui s'offre ici de comparer le régime d'emploi forcé et unique avec celui de l'autonomie et du libre emploi sur un même établissement, qui a vécu sous l'un et l'autre.

En tant qu'institution destinée à recevoir l'épargne, à la conserver, à en assurer la restitution aisée, ce qui est la première fonction des caisses d'épargne, quels résultats nous présente la *Cassa di Risparmio di Padova* dans les deux phases de son existence ?

Pour la période du régime d'emploi obligatoire et exclusif, les renseignements nous manquent jusqu'aux approches de la rupture avec le *Monte di Pietà*, puisqu'il fut alors impossible, sans doute par suite des mauvais errements de la comptabilité, de remonter à des données certaines Ce qu'il nous est permis de constater, c'est qu'après 48 ans d'exercice la *Cassa* était pauvre, nous le préciserons en suivant la marche des réserves. Vraisemblablement elle ne recueillait guère que les capitaux indispensables au *Monte di Pietà* dont elle était la source alimentaire ; on devait appréhender l'engorgement, le défaut d'emploi, et personne ne poussait à une expansion d'épargne puisque le champ d'application en était circonscrit et resserré d'avance. Enfin au 31 décembre 1869 nous trouvons un chiffre défini : malgré le taux élevé de l'intérêt alloué, le solde dû aux déposants ne dépassait pas 1,548,237 l.

La réforme s'accomplit. L'ère d'autonomie et de libre emploi s'ouvre le 20 avril 1870. C'était, comme en toute transition, un moment critique ; les retraits auraient pu se multiplier sous l'influence des griefs du système aboli, des critiques d'une partie de la presse, ou simplement des doutes d'une clientèle en majorité illettrée. Dès le 31 octobre cependant, quand les nouveaux administrateurs ont réussi à dresser une véritable situation, les dépôts ont monté à 1,869,705 l. On abaisse le taux d'intérêt ; en dépit de ce motif de plus d'hésitation, ils représentent à la fin de 1871 2,548,483 l., à la fin de 1872 2,127,499 l., à la fin de 1873, 2,437,421 l. Après ces oscillations, à peine sensibles, suivons-en la marche année par année :

Au 31 décembre	1874....	2,691,259 l.
—	1875....	3,103,757
—	1876....	3,555,140
—	1877....	3.798,287
—	1878....	4,277,389
—	1879....	4,659,356
—	1880....	5,378,045
—	1881....	5,806,183
—	1882....	6,453,921
—	1883....	7,661,684

Au 31 décembre	1884....	8,520,175
—	1885....	8,720,671
—	1886....	9,592,659
—	1887....	10,281,449
—	1888....	11,228,523
—	1889....	11,242,341

Et au 1er octobre 1890, le solde dû arrive à 11,992,211 l. Il n'y a donc eu ni au début un coup de confiance exagérée, ni un développement par saccades avec des va-et-vient, ni des crises de temps à autre : il s'agit bien d'une progression plus ou moins accélérée selon les époques de plus ou moins grande prospérité locale, mais continue et régulière.

A la maigreur, à l'indigence de l'ère d'emploi forcé et exclusif, voilà ce qu'a fait succéder l'autonomie avec libre emploi. Après près d'un demi siècle, on atteignait à peine 1 million 1/2 ; en moins de vingt ans on touche à 12 millions. Et cela, avec un seul établissement en service, en parallélisme avec l'abondante épargne que recueille ou provoque la légitime concurrence des banques coopératives populaires qui durant le même temps ont surgi dans la province. Aucune crise d'ailleurs pendant ce long délai ; les remboursements se sont toujours opérés normalement, suivant les règles de l'institut.

Nous voici donc en droit de conclure que si l'on considère l'institution comme collecteur et réservoir d'épargne, c'est-à-dire en sa première fonction, les deux chapitres de l'histoire de la *Caisse d'épargne de Padoue* confirment avec force la supériorité du régime de libre emploi : le meilleur juge, la confiance des déposants, l'atteste assez haut.

Reste à voir si la même preuve nous sera fournie quant à la deuxième fonction, l'usage des épargnes une fois recueillies, point sur lequel porte surtout le dissentiment de l'école du *statu quo* en France et des partisans d'une réforme.

De 1822 à 1870, il n'y eut ici qu'un seul emploi, et obligatoire, le compte-courant du *Monte di Pieta*, qui se servait de l'argent pour ses prêts sur gages. Nous avons indiqué déjà de quelle pensée s'inspirait cette connexion, faire du peuple aisé le banquier du peuple nécessiteux; l'erreur était de tout sacrifier à cette vue, d'en écarter toute autre. Or il ressort des faits que l'on n'obtint même pas la sécurité ni la réalisation sûre et facile ; dans les heures de trouble ou de gêne populaire, la Caisse d'épargne était assaillie de demandes de retraits tout juste au moment où le Mont-de-Piété assailli de demandes de prêts lui réclamait des fonds, de même que sous le régime d'adduction totale à l'Etat les caisses d'épargne sont assiégées précisément aux époques de crises, quand l'État n'a pas trop de ressources pour parer à d'autres nécessités urgentes, quand les fonds d'État subissent simultanément de brusques et profondes baisses qui rendent les réalisations ruineuses. Au point de vue de la productivité l'emploi était médiocre, puisqu'au jour du divorce, si le *Monte di Pieta* avait formé un patrimoine, la *Cassa* n'avait à peu près rien et venait de clore un exercice en perte. Il est superflu de rien dire de la valeur d'un placement si étroit, si stérile, pour l'activité générale et la circulation économique.

La réforme s'accomplit. Elle fut conduite avec sagesse en ce sens que les statuts réglementèrent les modes d'emploi, dont la variété féconde succédait à l'unicité de l'exclusivisme. Quels sont ces modes ? L'art. 20 des statuts les énumère : prêts au Mont-de-Piété (car il y avait une tradition à respecter, une transition à ménager, une idée à satisfaire dans la plus juste mesure), prêts hypothécaires à échéance unique ou avec amortissement, prêts aux provinces de Padoue, Venise, Vérone, Vicence, Rovigo, Trévise, Bellune, Udine, et aux communes de ces provinces, compte-courant à la Caisse des dépôts et bons du trésor, obligations de crédit foncier, du Domaine, des biens ecclésiastiques, cédules de coupons sur semestrialités en cours, avances en nantissement sur ces valeurs et sur les rentes, comptes-courants garantis par hypothèque, escompte et réescompte, immeubles, dépôts en compte-courant dans des banques de première solidité ayant leur siège principal à Padoue.

Vérifions sur la situation au 1er janvier 1890 comment est appliquée cette réglementation d'emplois. Il y avait à cette date pour 11,242,341 l. de dépôts d'épargne, répartis entre 6,409 livrets. En ajoutant à ce solde dû le patrimoine, les bénéfices de l'année 1889, quelques articles accessoires, on arrivait à une somme totale de 12,978,888 l. De quelle façon cette somme était-elle placée? Le voici, pour à peu près tout :

Prêts au Mont-de-Piété.............	47.000 l.
Prêts aux communes....	2.023.042
Prêts hypothécaires................	5.101.000
Bons du Trésor............	1.020.000
Obligations de l'État et des provinces ..	2.626.354
Obligations de crédit foncier.........	749.612
Escomptes....	483.068
Avances sur effets publics	13.000
Immeubles	117.825
Dépôts..........................	360.778
Comptes-courants disponibles........	47.557
Numéraire en caisse	129.385

Voyons si ces emplois répondent mieux que le placement unique de jadis aux conditions désirables.

Sécurité et mobilisation facile, telles sont, de l'aveu des deux écoles, les plus importantes de ces conditions imposées aux emplois d'une institution d'épargne. La variété du tableau de placements que nous venons de reproduire est déjà meilleure à ces points de vue que l'unicité, si le sens commun n'a pas tort d'avoir toujours vu là un moyen de réduire les chances de perte. Mais, en outre, les emplois ont été ici, avec une sorte d'excès de prudence que nous avons signalée déjà et expliquée par le motif historique, entourés de précautions, réglementés, limités. Il est sensible que les promoteurs de la réforme eurent à tenir compte des objections, de l'état d'opinion ambiant, des doutes même de bons esprits; ils le firent avec une sagesse infiniment louable, et leur œuvre est encore en ce sens un utile enseignement.

Les prêts au Mont-de-Piété furent maintenus en première ligne, malgré la rupture ; mais ils sont faits aux conditions des autres avances (art. 21 des statuts), et on tendit sans cesse à les diminuer : c'est ainsi que de 465,000 l. fin 1881 encore, de 370,000 l. fin 1882, le chiffre descend à 347,061 l. fin 1883, à 237,000 l. fin 1886, à 192,000 l. fin 1887, à 82,035 l. fin 1888, pour tomber à 47,000 l. fin 1889. — Les prêts hypothécaires ne portent (art. 22-26) que sur des biens sis dans la province de Padoue ou les provinces limitrophes, en première hypothèque, jusqu'aux 2/3 de la valeur pour les immeubles ruraux et la 1/2 pour les immeubles urbains. Aucun n'a lieu pour plus de six ans; le terme peut être porté à dix ans s'il y a restitution graduelle commençant dès la troisième année. L'amortissement varie de 10 à 30 ans; le prêt à amortissement ne dépasse pas 20,000 l. La mobilisation s'établit par le jeu des remboursements et par la rotation de fonds qu'entretient le flot continu des dépôts. Les prêts hypothécaires sont si prudemment dirigés, qu'on peut toujours vendre avec un excédent. — Les immeubles, dont l'achat (art. 33) n'est admis qu'en cas de nécessité absolue, représentent à peine 117,825 l. — Les escomptes qui ne peuvent porter que sur du papier payable sur la place et de premier ordre, ne doivent pas excéder le dixième des dépôts (art. 28-29); ils restent bien au-dessous, 483,068 l. — Le compte-courant de banques pour une disponibilité constante de numéraire (art. 37) ne doit pas dépasser le trentième des dépôts. — L'emploi en valeurs d'Etat et des provinces, bons du Trésor, obligations des communes, atteint 5,668,396 l., presque 6 millions sur un ensemble de 13.

Il faut ajouter à tant de garanties que la réserve, comme nous le verrons, arrive le 31 décembre 1889 à 1.046,799 l., c'est-à-dire qu'elle est à la veille de correspondre à 10 % du solde dû aux déposants, proportion fixée là-bas par la loi, et ignorée de nos caisses d'épargne à emploi unique en rentes. Encore y a-t-il des réserves latentes, car les valeurs du portefeuille, y compris celles du patrimoine propre, sont estimées au-dessous de leur cours.

Est-il possible de comparer la sécurité et l'aisance de mobilisation qui résultent de toute cette situation avec celles du régime d'asservissement à un emploi forcé, pendant lequel nous avons même noté qu'il n'existait pas de réserve?

Il n'y a pas davantage à essayer de parallèle quant à l'apport à l'activité régionale et à la circulation économique. D'un côté, une seule utilisation des épargnes en prêts au Mont-de-Piété pour des avances sur gages à des familles nécessiteuses souvent par leur faute; de l'autre des concours de toute nature à l'Etat, aux provinces de la zone, aux communes, à l'agriculture, aux banques populaires et aux caisses rurales, au petit commerce, à l'industrie, à la prévoyance bienfaisante sous des formes variées.

Il ne reste plus qu'à comparer les deux périodes en ce qui concerne la prospérité interne et propre de l'institution, c'est-à-dire la marche de ses bénéfices et la formation de son patrimoine-réserve.

La gestion laisse-t-elle, ou non, une fois les

frais généraux payés, un reliquat net grâce auquel il sera possible d'asseoir un patrimoine assurant la durée, une réserve, garantie nouvelle des déposants ? S'il y a de ces reliquats nets, sont-ils réguliers ou incertains et oscillants ? Tel est bien un dernier criterium du régime sous lequel fonctionne toute institution financière, même désintéressée et de bien public. Aussi lorsqu'en 1868 quelques citoyens clairvoyants de Padoue voulurent conférer à leur *Caisse d'épargne* l'autonomie et le libre emploi, une des principales objections des partisans acharnés du *statu quo* fut la crainte de ruine pour l'établissement lui-même. C'est là en effet la conséquence logique des griefs qu'on oppose au régime de libre emploi. S'il est dangereux, des pertes doivent se produire, ou au moins des alternances d'années favorables et mauvaises ; par suite, il sera beaucoup plus difficile de constituer des réserves, l'institution acquerra beaucoup plus lentement une fortune personnelle.

C'est le contraire que nous a montré une longue pratique de la liberté à Milan et à Bologne. C'est le contraire encore que va nous enseigner la comparaison à ce point de vue des deux chapitres de cette curieuse histoire de la *Cassa di Risparmio di Padova*, leçon d'autant plus topique qu'elle comprend les deux faces de l'expérience.

Qu'avaient produit, quant à la prospérité intérieure de l'institution, les quarante-six années écoulées sous le régime d'emploi obligatoire et exclusif? La réponse nous est fournie par les rapports que soumirent au Conseil communal M. F. Frizzerin le 26 novembre 1868 et le comte A. Emo Capodilista le 4 décembre 1873. Si l'on n'avait guère pu fixer de situation, on était arrivé cependant à constater en s'abstenant de remonter en deçà que fin 1868 le patrimoine atteignait à peine 60,145 l., que l'exercice 1869 clôturait par une perte de 1921 l., et que le patrimoine pouvait ainsi être arrêté à 58,224 l. Tel était le fruit de la période parcourue de 1822 à 1869.

En vérité les initiateurs d'une réforme étaient fondés à dire : « la liberté ne saurait guère vous « donner pis, et au moins fera-t-elle des capitaux « un usage plus utile, plus fécond. » La séparation s'opéra le 20 avril 1870. Une première situation fut dressée au bout de six mois : les dépôts au lieu de fuir s'étaient si vite accrus, et le placement en avait été si avantageux, qu'un boni de 5,437 l. s'accusait déjà. Dès lors une suite régulière de bénéfices s'établit, alimentant la formation d'une fortune propre enfin sérieuse. Dix ans suffirent pour qu'elle dépassât 350,000 l., et le boni annuel n'y fut désormais ajouté que sous déduction d'un prélèvement pour des affectations de bienfaisance. Il faut suivre sur les chiffres, exercice par exercice depuis l'émancipation, la marche de ces bonis et la constitution progressive de la réserve :

En fin d'exercice	Bénéfices de l'année	Patrimoine-réserve
1871	13.136 l.	76.797 l.
1872	28.348	105.145
1873	24.853	129.998
1874	25.234	155.233
1875	31.555	186.788
1876	30.216	217.005
1877	37.153	254.159
1878	45.120	299.279
1879	34.132	333.412
1880	35.100	368.512
1881	34.419	396.047
1882	35.800	424.687
1883	55.000	469.687
1884	70.293	529.981
1885	85.549	605.530
1886	91.867	687.398
1887	112.980	790.428
1888	136.101	916.529
1889	140.269	1.046.799

Ainsi le régime d'emploi obligatoire et exclusif avait légué des pertes ; le régime de libre emploi les a tout aussitôt réparées, n'a pas clôturé en perte pour un centime un seul de ses vingt exercices, n'a cessé au contraire d'inscrire à ses bilans des bénéfices devenus considérables depuis sept ou huit ans. Ainsi encore, au bout de près d'un demi-siècle de pratique du régime d'emploi obligatoire et exclusif, le patrimoine-réserve de l'institution se totalisait par 58,224 l., autant dire qu'il n'y en avait pas ; après vingt ans de libre emploi, ce patrimoine-réserve touche à 1 million 1/2 de francs, par le fait d'apports continus, croissants, et demain il va représenter 10 °/₀ des dépôts, proportion dont les caisses françaises enchaînées à la Dette d'État sont bien loin (à Paris 2,6 °/₀ tout au plus).. Est-elle assez claire, assez forte, assez décisive, la leçon de ces chiffres !

Dès 1881, devant les résultats acquis, les statuts modifiés ont porté à 500,000 l. le minimum de la réserve, comme la limite jusqu'à laquelle la commune de Padoue a donné sa garantie et à partir de laquelle cessait cette garantie. Depuis 1885 la municipalité est donc dégagée de l'appui intelligent qu'elle prêta à la réforme de 1870-73. — Il fut aussi décidé en 1881 que chaque année une part des bénéfices serait consacrée à des objets de bienfaisance ; tant que le patrimoine ne correspondra pas au dixième des dépôts, ce prélèvement sera de 20 °/₀ du boni sans pouvoir excéder 10,000 l.; il sera ensuite plus large, pourvu qu'il soit toujours porté à la réserve une somme non inférieure à 5 °/₀ de ce patrimoine. C'est par le jeu de ce prélèvement *per beneficenza* qu'ont été assignés à des œuvres diverses, *Institut*

Victor-Emmanuel II, Hospice Marin, Institut Camerini Rossi, Asiles Infantiles, etc., en 1881 6,884 l., en 1882 7,160 l., en 1883 10,000 l., en 1884 10,000 l., en 1885 10,000 l., en 1886 10,000 l., en 1887 10,000 l., en 1888 10,000 l., en 1889 10,000 l., ensemble une somme de 84,246 l. C'est quelque chose dans une ville de 70,000 âmes.

Ainsi, après l'expansion, la sécurité, la productivité des épargnes, et leur fécondité pour la circulation économique régionale, le régime de libre emploi a produit à Padoue comme ailleurs la prospérité et la solidité de l'institution elle-même. Le témoignage personnel du comte Capodilista n'a pas été moins formel que celui des chefs des Caisses de Bologne et de Milan : « nous « n'avons jamais ressenti du libre emploi aucun « effet fâcheux, » me dit-il en propres termes, « les effets bienfaisants en ont été de toute « nature. »

Et me voilà donc autorisé à tirer une conclusion solide d'observations qui ont porté sur trois caisses d'épargne aux échelons divers de la série : une caisse de type *supérieur*, une caisse de grandeur *moyenne*, une caisse d'ordre *tertiaire* (avec cette particularité pour la troisième qu'avant le libre emploi elle a expérimenté le régime contraire). Rien ne serait plus facile d'ajouter à ce dernier spécimen si attachant de nombreux exemples d'autres caisses inférieures encore, comme cette Caisse d'Imola récompensée à l'Exposition de 1889 pour des fonctionnements ingénieux. La démonstration est faite sur tous les points, elle surabonde ; elle nous donne le droit d'affirmer que grandes ou petites, les institutions d'épargne puisent dans la liberté et dans la décentralisation la vie.

Padoue est un fort bel endroit,
Où de très grands docteurs en droit
Ont fait merveille.
Mais j'aime mieux la polenta
Qu'on mange aux bords de la Brenta
Sous une treille :

ainsi chante Alfred de Musset en sa gaminerie exquise. Et tandis que Padoue choyait encore ses invités de France en un somptueux banquet, offert par la *Banca cooperativa Popolare*, je songeais que ses docteurs en droit nous avaient montré des choses préférables aux froids problèmes juridiques, je me disais que la polenta avait de nombreux rivaux sur leur table. Le cadre sévère où je me suis enfermé m'interdit tout détail sur cette nouvelle fête d'une hospitalité infatigable. J'en retiendrai pourtant les élans de sympathie qui s'adressaient à notre pays : autour de nos hôtes qu'assistaient les chefs des institutions visitées, la présence des députés Luzzatti, Cittadella, Maluta, Romanin Jacur, du cons. délégué Piras Lecca et de M. A. Mazzolo qui parlèrent au nom du gouvernement et du municipe, les inspirations généreuses et cordiales des toasts, la pensée amie qui avait sur la nappe tracé les noms de *Francia* et *Italia* en fleurs odorantes, la remise du rare diplôme de membre perpétuel de la *Société de Solferino* au représentant français... cela du moins, qu'il me soit permis d'en fixer le souvenir.

Il me plairait encore de consigner en ces pages une autre impression, la saine impression de charme élevé et de respect ému ressentie par nous tous quand nous pûmes, avant de quitter Padoue, porter à notre illustre guide dans sa maison de famille le témoignage de notre gratitude pour tant d'obligeante peine prise au service de notre enquête. Les facultés supérieures qui ont donné à Luigi Luzzatti une popularité universelle dans sa patrie et un nom européen, sa force géniale de pensée et sa chaleur d'âme, sa culture profonde et si étonnamment diverse, son éloquence pleine d'idées, enthousiaste et si variée de couleurs, sa puissance de travail et son activité presque fébrile, son art de réalisateur, on oublie tout cela quand on voit le Schulze-Delitzsch italien dans l'intimité noble et tendre de son heureux foyer. La simplicité complète, franche, d'un grand esprit, spectacle chaque jour plus rare en ce temps-ci...

Le programme de notre voyage avait rattaché à Padoue une visite à quelques-unes des *Casse Rurali di Prestiti* dont l'origine est récente, 1883. C'est en Vénétie, en effet, qu'elles se sont constituées ; et quoi de plus intéressant pour nous, qui en sommes toujours à disserter sur la possibilité d'être d'un crédit agricole quelconque, que de le voir pratiqué hier par les banques populaires urbaines et les caisses d'épargne, demain par un type de banque populaire rurale, maintenant sous cette forme neuve et particulière ? C'est en outre à Padoue que réside, lui aussi, le promoteur des *Casse Rurali.* Léone Wollemborg a 31 ans à peine. D'abord épris de philosophie et de science, l'un des « docteurs en droit » de Musset, il débutait en 1882 par une théorie de la *Valeur*. Par quelles causes est-il devenu un agissant ? Sans doute par l'attention prêtée à la vie des paysans dans le village où se trouve son domaine domestique, par la réflexion qui porte tant d'hommes cultivés de notre fin de siècle vers les questions sociales et les pousse non satisfaits d'idée pure vers l'action, par l'étude comparée de l'étranger. Intelligence où se mêlent des tendances allemandes et italiennes, chercheuse et pénétrante, il est particulièrement frappé par l'œuvre qu'a tentée depuis 1849 sur le Rhin Fred.-Guil. Raiffeisen ; il en tire une adaptation aux mœurs et aux lois ambiantes ; il s'essaye à l'appliquer dans son petit centre, à Loreggia, puis se jette dans un apostolat, écrivant, voyageant, donnant des conférences, recrutant des adeptes, semant ses coopératives spéciales et des cercles agricoles, qui en quelques années se multiplient.

Ce que sont les *Caisses Rurales de prêts,* il l'a expliqué en des écrits répétés, notamment pour des Français dans son remarquable *Rapport pour l'Exposition de Paris sur les Caisses Rurales italiennes* (Rome 1889), et dans la conférence élégamment savante qu'il donna le 17 avril 1890 au congrès même de Menton. Nous renvoyons nos lecteurs à ces documents, où l'austérité du sujet se dérobe sous une attrayante finesse de déductions économiques, morales, je dirais presque psychologiques. Ce qui doit trouver place ici, ce sont seulement les observations de notre enquête directe sur place dans les trois localités choisies par une sorte de méthode d'épreuves, Vigonovo, Abano, Loreggia.

VII

Vigonovo.

L'excursion aux *Casse Rurali* rayonnera autour de Padoue. Nous partons le matin, guidés par M. Léon Wollemborg ; un administrateur de la *Banque Populaire* de Padoue, M. Lucchetta, est de la partie, ainsi qu'un représentant de la presse locale, observateur délié, causeur original et spirituel, M. Mantovani, rédacteur de l'*Euganeo*. Notre première étape est Vigonovo, commune agricole de 3150 habitants, à 11 kil. de Padoue, aux confins des provinces de Padoue et de Venise. La population est accourue à notre rencontre, jugez avec quelle fierté de sa Caisse Rurale qu'on vient voir de si loin ! Je me rappelle avec charme cette scène pittoresque : notre descente de voiture sur la route, la foule des paysans qui nous entoure et nous serre les mains. On nous présente rapidement le conseil d'administration, le président, M. J.-B. de Castello, avocat, le vice-président M. Alex. Zanon, qui est avec son fils l'âme de l'œuvre, M. J. Cogo, le curé don Panozzo. Tous ensemble nous nous remettons en chemin, chacun jasant avec ses voisins. Comme je félicite don Pietro Panozzo de son concours à une institution de ce genre, et dont le fondateur est israélite (comme Luzzatti du reste), ce prêtre éclairé et modeste m'atteste les bienfaits moraux réalisés. Le clergé intelligent et patriote de la Vénétie a aidé partout ainsi M. Wollemborg ; c'est un exemple d'esprit progressiste et large, qu'il n'est peut-être pas inutile de livrer aux méditations de notre clergé français.

La cordiale troupe arrive ainsi à Vigonovo ; nous sommes reçus dans la salle du Municipe, où est établie la *Cassa*, gratuitement bien entendu. M. L. Wollemborg souhaite la bienvenue aux délégués en termes élevés ; il veut bien rappeler ce que je dis à Marseille des Caisses Rurales au Congrès de 1889 ; il nous promet que nous allons voir en effet pauvres et riches rapprochés, l'union des classes refaite, cet idéal coopératif réalisé, *aider les moins heureux à s'aider eux-mêmes et à s'entr'aider*. Sur son invitation, renseignés par le président, par M. A. Zanon, par son fils M. Hermén. Zanon, ingénieur qui a accepté les fonctions de *ragioniere* de l'association, nous nous mettons à examiner de quels besoins elle a surgi, quel en est le but, de quelle façon elle fonctionne.

Nous sommes ici dans une contrée essentiellement agricole. Le régime est le fermage, à durée généralement peu étendue. La maladie de l'absentéisme sévit parmi les propriétaires, atténuée depuis quelque temps par la crise agraire et la cherté de la vie urbaine qui ramènent un peu plus la bourgeoisie aux champs. La grande et la moyenne propriété dominent. Les cultivateurs ou *contadini* peuvent se classifier en trois catégories : les petits propriétaires (peu nombreux, à la différence du Frioul, des arrondissements de Vicence, de Bellune), possédant une maison avec 4 *campi* (le *campo* a 3,862 m. c.), jouissant d'une certaine aisance, et dont la couche inférieure cumule avec la culture un autre métier, celui de maçon, de menuisier, de forgeron, ou ajoute à sa terre un lopin loué ; les *massariotti*, qui prennent en location une *campagna* ou 12 *campi*, l'exploitent avec leurs familles nombreuses et patriarcales, et ont à eux souvent une paire de bœufs; les *chiusuranti*, fermiers d'une *chiusura* (de 1 à 12 *campi*). *Chiusuranti*, et même *massariotti* fréquemment, sont obligés d'emprunter des bestiaux : les Caisses Rurales ont permis à beaucoup d'en acheter. D'une manière générale elles les ont délivrés de l'usure.

C'est en 1883 que frappé des maux dont étaient travaillées ces populations, isolement découragé, manque de ressources, cherté cruelle du crédit, absence des maîtres, Léon Wollemborg entama son entreprise, par Loreggia où nous devons aller. Les résultats immédiats s'ébruitèrent, la propagande commença, la diffusion s'opéra d'elle-même. D'ici de là le promoteur était appelé, tantôt par un propriétaire moins indifférent, tantôt par le *sindaco* ou le curé. La deuxième *Cassa* fut installée à Cambiano, dans la province de Florence, dès 1884 ; puis la même année vinrent Trebaseleghe près Loreggia, Fragnigola, et Pravisdomini dans le Frioul, en 1885 Buttrio, Sant'

Angelo di Piove, Camposanmartino, Vigonovo. A Vigonovo, où nous voici, la maladie de la vigne, qui est la principale culture, l'avilissement du prix des produits, l'augmentation des impôts qui est une des fautes des gouvernants italiens, les conditions alourdies des baux à cheptel inévitables pour les paysans qui ne possédaient pas de bêtes, avaient gâté une situation antérieurement satisfaisante. Et la gêne empirant livrait de plus en plus aux abus des usuriers... Encore que notre peuple rural en France souffre heureusement beaucoup moins de ce fléau, il ne faut pas l'en croire sauf, et qu'il ne nous intéresse point de voir comment on s'en affranchit. L'usure existe chez nous, quitte à prendre souvent des formes indirectes. C'est ainsi que dans notre Midi, en Vaucluse, dans les Basses-Alpes, elle se dissimule sous le courtage et les majorations d'achats ; tel vendeur de tourteaux à huit ou dix mois se transforme en acheteur de pommes de terre à vil prix, et par cette voie l'intérêt montera à 25 °/。; on me citait naguère tel engrais cédé par un syndicat à f. 9, et qui se revend dans le même village à 13 f. 50 à dix mois.

De cet état de choses naquit l'institution nouvelle à Vigonovo. Voyons comment, et sur ses humbles livres comme par le témoignage vivant de ses affiliés, constatons ce qu'elle a fait.

Renseignés sur les maux dont souffrait cette

population, il nous suffit de regarder qui administre la *Cassa Rurale* de Vigonovo pour en reconstituer l'origine : des propriétaires de la localité, le curé, le médecin, le secrétaire municipal. Elle naquit des mêmes besoins que ses aînées, et de l'exemple fourni, grâce à l'initiative de ces capacités et de ces bonnes volontés. On constitua l'association le 21 juin 1885 par des statuts notariés, sur le type commun tracé par M. Wollemborg, et qu'il perfectionne seulement des modifications indiquées par l'expérience. Les caractères sont semblables partout : pas de capital-actions, partant pas de dividendes ; solidarité absolue et limitation territoriale, ce qui revient à dire responsabilité illimitée mais qui se meut dans un cercle très limité, la commune ou la paroisse, et jusqu'à concurrence d'un maximum assigné par l'assemblée générale ; la société ayant pour organes l'assemblée des *soci*, un conseil de 5 membres, une commission de 5 syndics, un comptable-caissier ; l'affectation des bénéfices à former un patrimoine-réserve au partage duquel nul n'a droit, et qui en cas de dissolution irait à la *congregazione di carità* locale ou au municipe, pour le principal être conservé en vue du cas où revivrait une institution analogue, et les intérêts se distribuer en œuvres de bienfaisance.

On ouvre le coffre-fort sous nos yeux : c'est

une petite boîte de bois blanc, qui renferme 45 l.; la simplicité est un des traits de ces institutions, et nous manque en France. — Nous feuilletons registres et livres.— Voici le livre des *soci* : on en a admis 32 dans l'année ; 1 est mort, 1 a été exclu par suite de condamnation, mais s'est acquitté ; on était 40 au début, on est aujourd'hui 165, presque autant que de chefs de famille dans la localité. — Voici les procès-verbaux des assemblées et des séances du conseil, tenus par le secrétaire communal. Le conseil se réunit deux fois par mois : ses délibérations portent sur les admissions ou éliminations, les dépenses, les opérations de dépôt ou de prêt. Je note un prêt de 300 l. à un an, un autre de 150 l. avec remboursement stipulé intégral ou échelonné ; le débiteur fait un billet à trois mois, qui se renouvelle. L'assemblée fixa d'abord le maximum des emprunts et des dépôts à 20,000 l., puis l'éleva à 30,000. La *Cassa* ne réescompte pas ; elle se procure des fonds par les dépôts, auxquels elle alloue 3 1/2 % (il y en a en ce moment pour 5,000 l.), et par un emprunt à 4 % ou 4,25 à la *Cassa di Risparmio* de Padoue : toujours le libre emploi des caisses d'épargne, sans lequel M. Wollemborg n'aurait rien pu faire. Le conseil examine les demandes de prêts, accorde tout ou partie de la somme, motive sa décision, surveille la gestion du prêt. Les prêts sont au plus de

500 l., en moyenne de 200. L'assemblée fixe le taux d'intérêt selon les conditions locales ; je remarque que ces hommes de bon sens ont la sagesse de ne pas vouloir se le fixer trop bas, ils savent que le profit ne va dans la bourse de personne.

Quels sont les résultats jusqu'ici ? Fin 1886 nous relevons 125 sociétaires, 114 prêts pour 24,005 l. (sur 133 demandes) ; fin 1887, 133 sociétaires, 145 prêts pour 27,280 l. ; fin 1888, 147 sociétaires, 136 prêts pour 30,104 l. ; fin 1889, 165 sociétaires, 151 prêts pour 34,147 l. L'exercice 1889 laisse en produits 675 l., en frais et intérêts (toutes les fonctions sont gratuites) 381 l., soit 294 l. de bénéfice, qui vont à la réserve, ou plutôt au patrimoine ; ce patrimoine atteint 1441 l. Il n'y a pas de dividende, ai-je dit ; les *soci* sont dans l'association les uns par désir d'aider leurs frères et par patronage, les autres pour obtenir un peu de crédit honnête. Il n'y a pas eu un sou de perte depuis l'origine ; même ceux qui émigrent paient avant de partir ; celui qui ne rembourserait pas serait radié, déshonoré dans son humble milieu, excommunié civilement. Et en France nous croyons les débiteurs agricoles des débiteurs dangereux ! C'est le contraire. Ici tout le monde paye, et jusqu'au dernier centime ; il n'en est pas toujours ainsi à la ville.

Les résultats moraux sont, à mon avis, supérieurs encore aux résultats matériels. Chacun connaît ce qui se passe. Et chacun s'y intéresse avec passion : il n'y a pour le comprendre qu'à voir tous ces paysans debout autour de nous, suivant avec la plus vive attention nos recherches, répondant avec un empressement joyeux à nos questions. Ceux qui ne viennent pas aux réunions paient l'amende. Les illettrés apprennent à écrire pour être admis, car il faut savoir signer nom et prénoms. On ferme la porte à ceux qui avaient l'habitude de la boisson ; ils se sont corrigés, puis sont entrés. Les statuts exigent la garantie de la moralité individuelle : les petits larcins champêtres ont diminué, parce que tel ou tel avait été écarté. Le sentiment de l'aide mutuelle est plus actif. La probité des paiements était instinctive, on a appris en outre la ponctualité. Ces bienfaits moraux expliquent le concours des prêtres catholiques, concours surtout sensible dans l'arrondissement de Belluno où le clergé est très actif, où par exemple c'est un curé, don della Lucia, qui a donné le branle aux Laiteries coopératives.

Nous complétons notre examen par une enquête. Les *documents humains* en apprennent plus que tous les pointages. Les habitants de Vigonovo viennent nous expliquer de quels usuriers affreux ils étaient les esclaves avant la fondation de la *Cassa*, quels services elle leur a rendus, dans quel but ils empruntent, comment ils peuvent se libérer. L'objet des emprunts est le plus fréquemment l'achat de bétail, génisses, porcs, d'autres fois l'extinction de dettes à gros intérêt, ou l'affranchissement de prestations réelles qui entravent le progrès rural, ou l'achat de fourrages. Les ressources pour rembourser proviennent surtout de la revente rémunératrice du bétail. L'un de ces témoins nous conte par exemple qu'ayant emprunté 250 l. à un an pour acheter une bête, il la revendit après cinq mois avec un gain de 80 l., et remboursa ; les 250 l. lui en avaient rendu 80 en peu de temps. Le taux des usuriers, petits spéculateurs de village, était en général de 5 % par mois, soit 60 % ; la *Cassa* prête à 6 0/0. On nous amène deux enfants, qui tiennent à la main avec l'abécédaire le mignon livret d'épargne ; la *Cassa* est un professeur de prévoyance. On nous présente un sexagénaire illettré, Galdiolo, qui, détail curieux, a appris à lire de son petit-fils pour pouvoir être sociétaire. Je vois sur les registres de ces signatures informes, et d'autant plus touchantes.

Tout cela, c'est bien la réalisation pratique de l'idéal coopératif au village. Elle n'est possible que par l'union, l'esprit de solidarité. Deux hommes de cœur, MM. Zanon père et fils, sont ici les piliers de l'institution : le père dirige, le fils s'est dévoué aux fonctions de caissier-comptable.

Ils ont convié les délégués français à déjeuner dans leur belle villa ; ce n'est pas de leur accueil sympathique, ni de leur hospitalité d'une élégance urbaine, que nous les remercions seulement ici, c'est surtout de nous avoir fait connaître l'œuvre que Vigonovo doit à eux et à leurs amis.

Abano

De Vigonovo à Abano, commune rurale à 10 kil. de Padoue, la course n'est pas longue. En chemin nous nous arrêtons, afin de voir sur le vif la condition locale des cultivateurs, dans une maison de paysans qui appartiennent à la catégorie des *massariotti*. Le chef de famille est fermier d'une terre de 14 *campi*, un peu plus de 5 hectares, et l'exploite avec sa femme, deux fils, une fille. Son bail est une simple convention verbale, qui se renouvelle d'année en année ; le fermage est de 900 l. Il a 4 vaches ; deux ont été acquises grâce à un prêt de la *Cassa Rurale* de Vigonovo, car il en est sociétaire, et il a déjà éteint son emprunt. L'habitation se compose de trois chambres, une cuisine, un grenier. Ce n'est ni l'aisance, ni la misère. Nous sommes dans une contrée où la vie est à bon marché, sobre, courageuse, où les salaires de la campagne ne dépassent pas de 0,80 c. à 1 l. 50 pour les hommes,

0,60 pour les femmes... Nous avons bu, avant de les quitter, à la santé de ces braves gens ; au moment de lever son verre, la mère prit et tint dans sa main, par une sorte de rite domestique qui nous a paru touchant, la main du père et maître.

L'orphéon instrumental nous attend à Abano. On nous introduit dans la grande salle du Municipe, où nous sommes accueillis par l'assesseur municipal Sacerdoti, qui salue les voyageurs en une allocution d'un français irréprochable, par le président de la *Cassa Rurale*, M. Pio Dalla Vecchia, un conseiller, le docteur U. Salvagnini, le comptable, M. J. Migliorati, et celui que j'aurais dû nommer avant tous, M. Maurice Wollemborg, *sindaco-capo*, l'un des dignes frères de notre guide. Ici encore le maire, les conseillers communaux, le secrétaire de la mairie (M. Migliorati), le médecin (M. Salvagnini), le pharmacien, un prêtre, don Graziani, des propriétaires notables sont les promoteurs. La Caisse date du 23 janvier 1887. Quatre ans à peine s'étaient écoulés depuis les premières tentatives de Léon Wollemborg, et la Caisse d'Abano était la 27e. Nous avons laissé la série des créations à Vigonovo, en 1885; ensuite étaient venues Sassano, Sant' Andrat'del Judri, Servo, les villages d'Aune Salzen, Faller, Zorzoi et Sorriva, Cergnai, Foen, Montemerlo, Casarsa della Delizia, San-Giovanni di Casarsa, San-Lorenzo d'Arzene, Castelbaldo, Inzago, Diano d'Alba, San-Gregorio nelle Alpi.

Abano n'est pas une localité pauvre, grâce aux eaux thermales de Montirone qui sont auprès et attirent beaucoup de baigneurs. Cependant l'usure y était intense. Des paysans enrichis avaient formé une association occulte, faisant des prêts de 10 ou 20 l. remboursables au bout de quelques jours avec 3 ou 4 l. d'intérêt; ou bien ils avançaient un hectolitre de maïs, d'une valeur de 12 l., au prix de 22, 23, 24 l. à payer dans les trois mois. Même les habitants aisés devaient, pour se procurer une centaine de lires, supporter sur une avance de six mois un intérêt de 15 ou 20 l., plus un courtage, plus des gratifications à l'intermédiaire et au prêteur. La *Cassa Rurale* a mis terme à de si criants abus. Son taux est 6 °/₀ l'an. Les paysans n'y voulaient pas croire; M. Wollemborg conte qu'au début plus d'un, se trouvant pour un emprunt de 100 l. devoir 1 l. 50 d'intérêt à la fin du trimestre, allait prier le *ragioniere* de vérifier le compte, de peur d'une erreur au préjudice de la Caisse.

Nous nous sommes mis à vérifier. Le coffre ici consiste en deux sébiles. Les registres se déroulent sous nos yeux. Quand on se constitua il y a trois ans, on était 28, et 71 au bout de l'exercice; au 31 décembre 1888, la société comptait

111 membres, elle en compte maintenant 189. Il y a eu 16 sorties l'an dernier ; les uns sont morts, les autres ont quitté Abano. Depuis l'origine 251 prêts ont été consentis, pour une valeur totale de 34,045 l. En 1889 il en a été fait 114 pour 17,859 l. Le conseil observe avec soin cette règle statutaire de ne faire droit à une demande que si le but de l'emprunt est nettement défini, car c'est un élément de garantie, si l'affectation de l'argent doit améliorer la situation de l'emprunteur, si le remboursement est vraisemblable. L'assemblée générale détermine le capital à employer en prêts, et a fixé à 300 l. le maximum de chaque prêt. Il s'en fait depuis 50 l.; en moyenne ils sont inférieurs à ceux de Vigonovo. Les opérations s'effectuent deux fois par mois, les jours de foire.

Nous procédons à notre enquête familière. Le point intéressant est la destination des prêts. 16, pour 2,840 l., ont pour objet l'achat de fourrages; 5, pour 426 l., l'amélioration des habitations ; 21, pour 2,975 l., l'acquit de fermages ; 10, pour 1,705 l., l'achat de bois pour du travail de menuiserie; 6, pour 785 l., la réparation ou le renouvellement d'instruments ruraux; 35, pour 5,745 l., l'achat de matières premières, du cuir par exemple ; 29, pour 2,096 l., l'achat de porcs et de brebis; 43, pour 7,265 l., l'acquisition de génisses ; 14, pour 3,300 l., de très petites entreprises de maçons ou de serruriers; 50, pour 5,610 l. l'achat do maïs; les pauvres *chiusuranti*, qui n'ont pas assez de leur récolte, mangent maintenant la *polenta* en se passant des prêteurs à la petite semaine. Les prêts préférés du conseil sont ceux qui tendent à l'achat de bêtes ou de fourrages. Les délais varient entre 3, 6, 9, 12 mois ; quelquefois on va au delà de l'année.

Et les résultats ? Les ressources ont été fournies par des dépôts à terme du Municipe, du bureau de bienfaisance, de notables, par des dépôts d'épargne auxquels on alloue 3 1/4 comme la Caisse postale, par les versements anticipés de certains débiteurs ; au 1er janvier 1890 le solde dû en dépôts atteignait 9,116 l. La *Caisse d'épargne de Padoue* a avancé 6,000 l. à 4 1/4. Le mouvement des prêts va s'accroissant : 46 en 1887, 91 en 1888, 114 en 1889. Les frais jusqu'ici ont absorbé le produit; cela a moins d'inconvénient, puisqu'il n'existe pas de capital à rémunérer. On a porté à la réserve les 39 l. restant ; et comme on trouvait qu'elle serait trop lente à se former, les *soci* se sont imposé pour y contribuer une taxe annuelle de 1 l. par tête. On peut évaluer que les 34,000 l. prêtés en ces trois ans ont procuré au moins un bénéfice de 15 % aux associés, 5,000 l. ; c'est énorme relativement à l'humble sphère.

Les résultats moraux ne sont pas moins nets.

L'usure a été presque complètement arrêtée. La population est passionnément attachée à sa Caisse. L'absence aux réunions est punie de 1 l. d'amende ; celui qui à l'échéance ne vient pas verser ses fonds paye 1 °/o de pénalité sur le montant du billet. Le contrôle mutuel est très vigilant et très efficace dans un si étroit rayon. On tient tellement à faire partie de l'association que deux paysans nous sont présentés, dont l'un a 53 ans, et qui ont appris à écrire pour y entrer, l'un d'eux de son fils. La probité et l'exactitude des paiements se sont affermies et généralisées. Un débiteur étant décédé, un de ses amis qui avait donné aval a immédiatement remboursé. On émigre beaucoup d'ici en Amérique, et c'est une difficulté que ces départs ; tel émigrant, Imperatore, a payé avant de quitter la commune; tel autre, Benvenuto Ghiro, a envoyé 30 l. d'au-delà les mers.

En vérité cette deuxième visite nous persuade de plus en plus que ces petites institutions coopératives à solidarité absolue ont, avec leur utilité pratique évidente, une utilité sociale singulièrement digne d'attention. M. Léon Wollemborg a raison, en répondant aux félicitations sincères que nous adressons à lui et à son frère Maurice, de comparer les vertus populaires latentes qu'elles révèlent aux fleurs cachées dans l'obscurité de la nuit et dévoilées par la lumière.

Après un lunch offert par le Municipe, et une rapide visite aux thermes voisins, nous repartons d'Abano, profondément intéressés par ces échappées sur des coins de l'humble vie rurale en ce pays d'initiative.

Loreggia

Nous étions d'Abano rentrés à Padoue, et c'est de là que le lendemain matin nous repartons pour le troisième point de notre programme d'excursion aux *Casse Rurali*. Quelques nouveaux compagnons se sont joints à nous, parmi lesquels le député comte Cittadella, M. Luzzatti, le chev. Viale de la *Banque Nationale*, M. Antonelli de la *Banque Nationale toscane*, M. Lucchetta de la *Banque populaire de Padoue*. Il pleut à verse ; mais on est si bien mis en train par les impressions d'hier, les esprits sont si curieux et les cœurs si contents de rentrer par un coin dans ce monde patriarcal entrevu, qu'on s'inquiète peu de la température. Loreggia est à 26 kil. C'est une commune de 2,795 habitants, dont 120 de population agglomérée, tous à peu près adonnés au travail agricole, la plupart sont fermiers, *massariotti* ou *chiusuranti* ; quelques petits propriétaires font valoir un lopin. La terre y vaut 350 à 400 l. le *campo*.

C'est là que la famille de Léon Wollemborg a sa résidence rurale; il y passe lui-même l'automne. Ainsi s'explique que Loreggia ait été le lieu où le jeune économiste, armé d'observations directes, essaya de mettre debout, de faire vivre son idée. Nous allons voir la première des *Casse Rurali* par ordre chronologique, quoiqu'elle n'ait guère plus de sept ans de date, et nous serions bien étonnés si cette aînée des institutions pour lesquelles il s'est passionné n'était pas de la part du créateur l'objet de quelque naturelle prédilection.

Nous arrivons à 10 h. sous la pluie. Les *soci* nous attendent, nous font fête, et nous montons au Municipe, où nous reçoit un *sindaco* de 81 ans, droit et vert, le plus ancien des maires italiens en fonctions, M. Tolomei. Autour de lui, le personnel de la *Cassa*, M. Humbert Wollemborg, président, un second frère de l'initiateur, don A. Rover, vice-président, le d[r] de Portis. En quelques-unes de ces paroles fortes et fines qui trahissent son tempérament intellectuel, Léon Wollemborg nous raconte comment il fut amené à entamer l'œuvre, à quels obstacles il se heurta. « On me répétait de tous côtés que ma « tentative était impossible. Et je me disais tout « bas ce beau mot de Carlyle : toute noble entre- « prise est *impossible* à ses débuts. » Qu'elle est vraie, la réponse du penseur anglais à l'éternelle objection de la routine et de l'égoïsme ! Les paysans de Loreggia souffraient de la gêne, de l'usure, de l'absentéisme des maîtres. Ils connaissaient leur jeune voisin, et l'écoutèrent. Après plusieurs conférences explicatives, 32 personnes signèrent les statuts, dont nous connaissons le cadre et les lignes fixes. Il y avait là 12 très petits cultivateurs-propriétaires, de petits fermiers, le médecin, le secrétaire de la commune, Léon Wollemborg de qui l'intervention personnelle donnait courage. C'était le 30 juin 1883 : la date mérite d'être notée, elle marquait la naissance d'une institution. Nous la saisissons ici à son origine, nous démêlons les besoins auxquels elle répondait, nous assistons surtout à l'acte d'initiative individuelle qui est presque toujours à l'éclosion des œuvres bonnes.

Renseignés par les administrateurs, nous nous mettons à vérifier les documents. Les 32 *soci* de 1883 sont maintenant 121. L'organisation est celle que nous connaissons. La simplicité est extrême ; tout est gratuit dans l'administration, sauf le poste du *ragioniere*, qui ici touche l'important honoraire de 40 l. par an. En 1889, les frais généraux ont atteint 58 l. On alloue aux dépôts 3 1/2 %, et jusqu'à 3 pour les plus élevés, avec préavis à trois mois. Les prêts se font à 6 % ; on a proposé de réduire ce taux ; mais préoccupée d'élargir le fonds de réserve, l'assemblée générale s'y est sagement refusée. L'industrie agricole est si accoutumée à la cherté de l'argent ! c'est si peu de chose à ses yeux qu'une légère différence dans l'intérêt ! L'assemblée générale détermine le total maximum des prêts : d'abord de 10,000 l., elle l'a porté à 16,000. Elle arrête aussi le maximum des crédits : il est de 600 l., somme suffisante à un petit cultivateur pour sortir d'embarras, chiffre non pas minuscule, mais proportionné (comme le dit Wollemborg) à la taille économique de ceux qu'il s'agit d'aider. Les moyens dont la *Cassa* dispose étaient primitivement des avances de la *Caisse d'épargne de Padoue* et de la *Banque Nationale toscane* ; maintenant on marche par les dépôts, qui au 30 avril 1890 représentaient 11,278 l. On aime dans la commune cette petite caisse d'épargne ; on la préfère, comme l'instrument libre, au bureau de la Caisse postale.

En 1889 il a été fait 58 prêts. Nous trouvons en circulation pour 3,126 l. de prêts. Les séances ont lieu le 1er et le 15 du mois. On m'en décrit une. Le président, assisté de deux autres collègues, souvent le curé-archiprêtre ou son vicaire, et les syndics, examinent les affaires. Tels sociétaires ont demandé un emprunt, sur formules imprimées ; le conseil apprécie, écrit au pied *accepté* (avec diminution s'il y a lieu) ou *refusé*. Si la décision est affirmative, le sociétaire se présente, signe tant bien que mal un effet à trois mois, et reçoit l'argent. L'intérêt n'est pas retenu d'avance; il s'ajoute au principal. Tels autres sociétaires viennent payer le capital ou les intérêts, ou renouveler les billets, ou amortir partiellement. Les plus joyeux sont ceux à qui quelque aubaine permet de tout rembourser par anticipation. On passe ensuite aux dépôts; il n'est pas besoin d'être membre pour en faire. Les enfants de l'école viennent, eux aussi, verser qui 1 l., qui davantage. Tout ce monde entre dans la salle à mesure qu'on l'appelle. Les opérations s'effectuent séance tenante; le président et un assesseur signent. Le solde en caisse est porté, à la fin, par le *ragioniere* soit à la banque populaire voisine, celle de Camposanpiero à 2 kil., soit à la Caisse postale qui fait ainsi le service de caisse et paye 3 75 % d'intérêt.

Voyons pourquoi et combien on emprunte. Voici la quotité et l'emploi de prêts consentis en 1889 : 350 l. pour achat de bétail, 200 l. pour un cheval et une génisse, 50 l. pour du maïs, 30 l. pour un porc, 50 l. pour des brebis, 400 l. pour des vaches, 40 l. pour deux porcs, 100 l. pour des fourrages, 50 l. pour une génisse qui vaut le double. On a décidé de faire quelques minimes prêts hypothécaires, au délai maximum de six ans, et jusqu'à concurrence seulement de la réserve.

Nous interrogeons les paysans. Celui-ci a 2 *campi* à lui et 16 en location; il doit 100 l. pour achat d'une génisse et remboursera en octobre avec le produit de la vente du veau. Celui-là est fermier de 25 *campi* ; il n'avait rien ; il a emprunté 100 l., a exactement remboursé, et ayant continué, possède aujourd'hui six bêtes, pour une valeur de 1500 l. Ce *massariotti* a pris 200 l. pour acheter une vache; il compte la vendre, y gagner, et garder le veau. Ce petit propriétaire de 14 *campi* en exploite en outre 20 à titre de bail , il doit 500 l., pour achat de bêtes de labour, mais il a 13 bêtes dans son étable. Quels progrès ils remercient tous la *Cassa* de leur avoir apportés ! En voici un qui avait coutume d'emprunter 100 l. à un usurier du village, avec obligation, si le bétail grandissait, d'en céder la moitié, et s'il mourait, d'en rembourser la valeur totale. Cet autre se faisait avancer 100 l. pour avoir des oies : chaque semestre il donnait 1 oie sur 5, plus tard on daigna se contenter de 1 sur 10 ; il paye à la *Cassa* 6 % par an. On ne refuse guère ; les demandes passent à leur tour, en peu de mois toutes sont satisfaites ; cinq étaient en ce moment à l'attente. On devine si, outre les services directs, la *Cassa* a abaissé les exigences des autres prêteurs. Voici un vieux qui vient nous dire combien elle est aimée, à quel point lui-même lui est reconnaissant et attaché.

Tels sont les résultats pour les emprunteurs. Quant à la Caisse, dépouillons les bilans. Celui de 1883 accuse 7,507 l. de dépôts, 7,510 l. de prêts; celui de 1884 8,905 l. de dépôts et 4,000 l. d'acceptations, 12,545 l. de prêts ; celui de 1885 9,585 l. de dépôts et 4,000 l. d'acceptations, 13,865 l. de prêts; celui de 1886 9,776 l. de dépôts et 5,400 l. d'acceptations, 16,165 l. de prêts ; celui de 1887 11,586 l. de dépôts et 4,000 d'acceptations, 15,897 l. de prêts ; celui de 1888 11,091 l. de dépôts et 3,000 l. d'acceptations, 14,982 l. de prêts ; celui de 1889, approuvé par l'assemblée générale du 23 février 1890, 10,374 l. de dépôts et 500 l. d'acceptations, 12,237 l. de prêts. Le fonds de réserve s'est élevé de 31 l. 53 en 1883 à 1,487 l. au 1er janvier 1890. Il n'y a pas eu une seule perte durant ces sept exercices.

Les résultats moraux sont aussi sensibles que ceux dont nous avions été frappés à Abano et à Vigonovo. Affranchis de l'usure, les paysans ont repris courage et confiance. Ils ont l'amour et la fierté de leur humble institution de crédit agricole. Ils en écartent quiconque a l'habitude de vivre aux dépens d'autrui ou le goût de boire. Tel indolent que soutenait le bureau de bienfaisance a été relevé par un prêt, et s'est fait rayer de la liste des indigents secourus pour devenir sociétaire. Ils fréquentent assidûment leurs assemblées, y suivent les prêts, l'emploi des fonds, la libération progressive. S'il y a une absence, on la punit de 0,50 c. d'amende, sauf au médecin à s'enquérir des excuses légitimes. La ponctualité des paiements est rigoureuse : tout le monde a régulièrement payé depuis l'origine. Pour un seul, de qui l'impuissance était justifiée, une collecte fraternelle entre camarades de champs a couvert la *Cassa*. Des illettrés ont appris à écrire ; on reconnaît leurs signatures rudimentaires. Par l'influence morale de la *Cassa*, une petite association de secours mutuels a été créée contre la maladie ; elle a déjà 1215 l., et les dépose à la *Cassa*...

La villa Wollemborg, qu'un parc délicieux enserre, est à deux pas de la Caisse Rurale, et attend les délégués français. La vénérable mère du jeune bienfaiteur du pays nous y accueille avec dignité et bonté. Le plan de cette narration nous défend de rien dire du somptueux repas et des toasts éloquents échangés. Nous devons nous borner à constater l'impression profonde laissée dans l'intelligence et le cœur de chacun de nous par cette nouvelle visite. De nos trois enquêtes nous pourrons dégager les traits essentiels de l'attachante institution, dont l'humilité est la beauté.

L'apport des Caisses Rurales dans la distribution du crédit agricole.

Avec les variantes naturelles, nous retrouverions dans toutes les *Casse Rurali* les caractères essentiels et les principaux résultats constatés par notre enquête directe sur trois d'entr'elles autour de Padoue. Il en existait au 15 novembre 1890 quarante-quatre confédérées : Loreggia, Gambiano, Trebaseleghe, Fagnigola, Pravisdomini, S. Giovanni di Casarsa, S. Lorenzo d'Arsene, Buttrio, S. Angelo di Piove, Campo S. Martino, Vigonovo, Sassano, Sant'Andrat'del Judri, Servo, Anne-Salzen, Faller, Zorzoi, Cergnai, Foen, Montemerlo, Casarsa della Delizia, Castelbaldo, Inzago, Diano d'Alba, S. Gregorio nelle Alpi, Abano, Caupo, Sorriva, Bussolengo, Villa Santina, Fiesse, Monticello di Brianza, S. Rocco Castagnaretta, Arzignano, Boves, Galliera, Rovolon, Cernobbio, Sanguinetto, Tierzo, Gambarare, Stra, Mirano, Bagnolo Mella... Noms obscurs, qu'il n'est pas superflu d'énumérer en France, puisque chacun signifie le fonctionnement dans un humble village d'un organisme de ce crédit agricole prétendu chez nous irréalisable !

Il n'y a pas des Caisses Rurales qu'en Vénétie, comme on l'a écrit ; quatre ont été fondées dans la Lombardie, trois dans le Piémont, une en Toscane. L'œuvre ne se limite pas à une région, elle vise à une extension nationale. Telle est bien la portée du titre sous lequel les Caisses se groupent, *Federazione fra le Casse Rurali italiane.* M. Léon Wollemborg est le président de cette Fédération, à laquelle a été décernée une médaille d'or dans la section de l'Exposition d'économie sociale à Paris en 1889. Il en retrace le mouvement dans un périodique qui paraît à Padoue le 15 de chaque mois, la *Cooperazione Rurale*, consacrée aussi aux Cercles agricoles et autres institutions de coopération ou de prévoyance à la campagne. Sept années de pratique ont suffisamment légitimé les espérances du promoteur, pour qu'on soit autorisé à considérer les Caisses Rurales autrement que comme des tentatives généreuses. Il faut avouer que jusqu'ici les circonstances leur ont été favorables. Seraient-elles de force à triompher d'une épreuve qui ruinerait à la fois toute une localité, ou même toute une zone, épizootie par exemple ou incendie ? Oui peut-être, si elles savent constituer un fonds collectif d'assurance mutuelle par un prélèvement sur les bénéfices, ou sur les patrimoines déjà formés. M. Wollemborg a publié l'an dernier (Udine, G. Seitz) une vigoureuse étude sur l'*Assurance contre la mortalité des bestiaux* ; il est tout désigné pour ajouter ce complément de solidité, la coopération d'assurance, à ses associations, en l'étendant aux divers fléaux de la vie rurale.

Il n'est pas douteux (et il l'a loyalement déclaré) qu'en créant ses *Casse* Léon Wollemborg se soit inspiré des intéressantes associations imaginées au-delà du Rhin par Raiffeisen, et qui continuent si bien de prospérer sous la conduite de son fils M. Rodolphe Raiffeisen, qu'elles atteignaient au 1er janvier 1890 le nombre de 684. Entre les deux sortes d'institutions, les traits communs dominent : l'extrême simplicité et la minimité de frais, l'absence de dividendes, la limitation territoriale à la commune ou au hameau, le patrimoine collectif intangible, l'appui du clergé, la solidarité substituée à l'impuissance des unités agricoles, l'esprit de dévouement et de devoir social. Je note pourtant certaines différences très dignes de remarque. Dans les *Darlehn-Kassenvereine* il y a des mises sociales ; les sociétaires des *Casse Rurali* n'ont absolument rien à verser. Les associations Raiffeisen ont une couleur conservatrice, les grands propriétaires les dirigent, elles ont eu des subventions des pouvoirs publics, l'aide de l'Etat, la faveur des fonctionnaires ; dans les associations Wollemborg je n'ai trouvé aucune trace d'intervention gouvernementale ni de tendances politiques, le promoteur et ses amis appartiennent plutôt au parti libéral, et quand les *Casse* tiendront des congrès, il s'y rencontrera fraternellement des radicaux avec des prêtres catholiques. — Sous réserve de ces dissemblances, l'institution a été importée : pourrait-on de même l'acclimater en France ? Je répondrais *oui*, sans la solidarité. Et encore, dans beaucoup de nos communes rurales où la solidarité n'est pas dangereuse, sous l'impulsion d'un propriétaire courageux, pourquoi pas ?

Nous voilà maintenant bien à même de tirer des faits observés et décrits cette conclusion pratique, qui pourrait n'être pas indifférente si elle avait quelque écho. Ils nous permettent aussi de préciser ce qui nous paraît être le véritable apport et la fonction exacte des *Casse Rurali* dans la distribution du crédit agricole. Nous voudrions les juger avec vérité, sans exagérer, mais sans affaiblir ce qu'elles nous ont offert de neuf, d'attachant et d'utile. Nous avons lu (notamment, s'il nous en souvient, dans des articles publiés en mai 1890 par la *Gazette de Venise*) des apologies des associations Wollemborg qui peut-être avaient le tort soit d'en amplifier le rôle économique, soit de décrier à leur profit d'autres institutions précieuses. Là ne nous semble pas être la meilleure façon de rendre justice à l'œuvre de Léon Wollemborg. La distribution du crédit élémentaire à la campagne, dans de petites localités, par un instrument exactement adapté et que le contrôle réciproque rend très solide, tel est à nos yeux le vrai service rendu par les *Casse Rurali*. Il est assez beau. Quant aux résultats, nous en avons saisi d'excellents au point de vue économique, et proportionnés à cette humble sphère. Les fruits moraux nous frappent plus vivement encore : soutien du travail, excitation de la volonté, développement de la fidélité aux promesses et de l'aide réciproque dans une sorte de famille élargie, prix de l'instruction mieux senti que sous les contraintes légales, réconciliation des ouvriers de la terre avec leur condition et le capital. L'ensemble offre le plus noble intérêt par cette originalité d'être à la fois très patriarcal et très moderne.

Apport des Banques populaires et des Caisses d'épargne dans la distribution du crédit agricole.

Mais dans la pratique italienne de ce crédit agricole jusqu'ici irréalisable en France, cet outil des Caisses Rurales que nous venons d'examiner n'est point le seul, ni le principal. Il existe deux autres sortes d'institutions distributrices : les coopératives de crédit soit installées dans les centres ruraux, soit rayonnant sur une zone rurale par des annexes, et les caisses d'épargne à régime de libre emploi.

Pour les caisses d'épargne, nous en avons vu un exemple considérable dans celle de Bologne, avec son aide aux banques ou caisses de petites localités rurales, surtout avec son *Credito Agricolo* qui avait en portefeuille au 1er janvier 1890 plus de 7 millions de l. en effets agricoles, sans compter des prêts aux communes ou corps moraux pour œuvres agraires, et de petits prêts agricoles à intérêts de faveur. Sur une moins grande échelle, les caisses d'épargne concourent partout où il en est besoin au crédit agricole soit directement sous des formes variées, soit par le réescompte des banques coopératives rurales. M. Léon Wollemborg, dans son *Rapport pour l'Exposition de* 1889, nous les montre même prodiguant à ses Caisses Rurales naissantes un appui à défaut duquel peut-être celles-ci n'auraient pu commencer d'agir.

Quant aux banques coopératives, leur rôle est plus actif encore. Les *Banques Populaires* de *Bologne* et de *Padoue* nous en ont fourni de remarquables preuves. Avec plus ou moins de puissance, il en est de même partout. Nous voici, en quittant Padoue, au milieu d'un réseau de ces banques coopératives qui font du crédit agricole.— C'est la banque de Vicence, qui remonte à 1866; fin 1889, elle a un capital de 1,120,230 l., une réserve de 641,747 l., 8,380,656 l. de dépôts, et compte 4,319 actionnaires; elle fait toutes sortes d'opérations de crédit rural (art. 21 et 28 de ses statuts), notamment des prêts agraires, et même, avec le concours des comices agricoles, des prêts à taux de faveur, qui les uns et les autres font l'objet d'un règlement minutieux.— C'est la banque de Rovigo, qui ne date que de 1880, et compte 1862 *soci*, a un capital de 180,250 l., une réserve de 66,990 l., en dix ans près de 40 millions d'escompte; elle fait aussi (art. 18 et 30 de ses statuts) les opérations de crédit agricole, et son président, le distingué dr T. Minelli, s'occupe particulièrement de la question.— Des banques plus modestes nous exposent leurs résultats au passage: celle de Cittadella, dans une localité de 10,000 habitants, et qui avec un capital de 140,908 l., 700,765 l. de dépôts, a un mouvement d'effets pour les trois quarts agricoles; celle de Camposanpiero, dans un bourg rural de 2,500 âmes...

Nous saluons aussi de loin, au passage, puisque le temps ne nous permet plus de l'aller visiter, un de ces *Groupes* de banques populaires dont nous avons indiqué la constitution à propos de celui de la Romagne, et qui contribuent encore à l'œuvre du crédit agraire. Celui-ci est le premier. Il comprend Vittorio, Oderzo, Motta di

Livenza, Asolo, Castelfranco-Veneto, Valdobbiadene, Montebelluna, S.-Dona di Piave, Conegliano, ce Pieve di Soligo où la banque coopérative a fait surgir autour d'elle, sous la commune présidence d'un homme dévoué, M. G. Schiratti, un *Syndicat agricole* coopératif et une de ces *Laiteries sociales* coopératives assez développées déjà pour avoir tenu un congrès. Le *Groupe* date de douze ans. Il a pour ressources des cotisations annuelles des banques groupées. Il exerce son action par l'assemblée générale des délégués de ces banques, et par un président élu, qui est l'organe exécutif. Il publie des statistiques, a dressé son statut, resserre les rapports moraux et financiers. Il y en a un second pour les Abruzzes, nous avons vu le troisième en Romagne, le quatrième comprend les Marches, un cinquième les provinces napolitaines, un sixième l'Emilie, un septième la Vénétie. En ce qui concerne le crédit agricole, les *Groupes* tendent à lui rendre un nouveau et important service en combinant l'émission de *cartelle agrarie* collectives.

Toutes ces coopératives de crédit reçoivent des dépôts à long terme, et émettent en échange des obligations à échéance fixe, dotées d'un intérêt plus fort que l'intérêt du court terme, véritables *bons du Trésor de l'agriculture* comme dit M. Luzzatti. Elles ont l'avantage d'une double clientèle, agriculteurs et commerçants urbains ; le réescompte des effets agricoles à échéance plus longue n'est pas aisé, mais le réescompte des effets commerciaux à court terme fournit les fonds. Par un jeu qui répond à la profonde harmonie des choses, l'argent des villes va féconder la campagne.

Ainsi s'exerce complète l'œuvre du crédit agricole : par les caisses rurales dans les très petites localités et pour les besoins des humbles, par les banques coopératives et accessoirement les caisses d'épargne à libre emploi dans les centres moins restreints et pour des opérations plus larges.

N'y a-t-il pas là en vérité de quoi indiquer la voie vraie à nos efforts jusqu'ici impuissants ? Que de fois nous avons rêvé cette absurdité, l'institution centraliste et parisienne de crédit rural ! M. A. Proust proposa naguère de constituer le gage sans déplacement, de commercialiser les effets agricoles, d'autoriser la Banque de France à l'escompte du papier paysan ; M. Méline veut transformer les syndicats agricoles en agents de crédit, sans capital-actions d'ailleurs. Au lieu de ces conceptions insuffisantes ou douteuses, pourquoi ne pas profiter de l'expérience acquise chez d'autres peuples ?

La constitution de coopératives de crédit locales dans les centres d'activité rurale, latéralement aux syndicats agricoles, mais sans se confondre avec ces syndicats qui sont faits pour autre chose ;

l'organisation d'agences ou succursales des banques coopératives urbaines déjà existantes, dans les localités agricoles de leur département ou de leur région ;

une réforme de la législation organique des caisses d'épargne dans le sens de la cessation de l'absorption totale des dépôts par la Dette d'Etat, et d'un libre emploi réglé, impliquant la possibilité de consacrer une quotité des fonds au crédit rural, directement ou plutôt par concours aux institutions spéciales ;

de bonnes lois facilitant tout cela, et des mesures adjuvantes du législateur en vue de soutenir les efforts locaux, par exemple l'institution d'un comité permanent au ministère de l'agriculture pour répandre dans les populations rurales les vraies notions du crédit, la formation de comités départementaux de patronage, l'allègement d'une fiscalité étroite et qui paralyse tout ;

voilà la solution du problème. Ce qui importe avant tout, c'est de la dégager, d'orienter les esprits du bon côté, vers le vrai. Peut-être y a-t-on utilement travaillé dans les deux premiers congrès des banques populaires françaises, à Marseille en 1889, à Menton en 1890; on y travaillera de nouveau à Bourges en 1891.

Nous allions trouver à Lonigo, dernière étape de notre excursion d'études, une de ces banques populaires surtout agricoles dont je viens d'esquisser le rôle, entourée d'ailleurs d'autres œuvres attachantes de l'idée coopérative.

VIII

Lonigo.

Lonigo, charmante petite ville entre Vicence et Vérone, a su, avec 10,000 habitants à peine, se donner toutes sortes de progrès, hier des tramways, demain la lumière électrique, et un faisceau d'institutions économiques qui me semblent, avec celles de Pieve di Soligo, des joyaux de la coopération dans cette région de l'Italie. Comme à Soligo le chev. Schiratti, un homme d'intelligence et de zèle infatigable a été l'initiateur, demeure l'âme de ce mouvement, le d[r] Dom. Donati, président de la *Banca Popolare*. Suivi de son fils M. Ch. Donati, il est venu, avec le syndic de Lonigo M. Ph. Maffei, et M. J. Carlotto, président de la *Societa per Case operaie*, recevoir à la station les touristes français, qu'ont bien voulu accompagner M. Minelli, président du *Groupe des banques populaires Vénètes*, le comte Piovene, vice-président, et M. Dolcetta, directeur de la *Banque Populaire de Vicence*,

De robustes carrossiers nous amènent, à travers une campagne riante et soigneusement cultivée, à Lonigo, où la population entière en fête est sur pied et attend ses hôtes.

Dans le vaste hall de l'élégant édifice que s'est construit la *Banque Populaire de Lonigo*, nous trouvons rassemblés les administrateurs de la banque et de sa succursale de Noventa, les représentants des deux *Sociétés de secours mutuels*, de la *Société des Habitations ouvrières*, du Municipe, les notabilités du pays. Après les présentations, M. Donati remercie les fils d'une grande nation de venir étudier dans un humble centre les fruits de la coopération, exprime le vœu que cette union dans la recherche des moyens pour aider les déshérités réchauffe le courant d'une indissoluble amitié entre deux peuples frères. Et M. Luzzatti explique qu'au milieu des types divers de banques coopératives, il a désiré montrer à ses compagnons d'étude un type moyen à base agricole, arrivé peu à peu à l'autonomie.

Telle est, en effet, l'histoire de la *Banca*, où nous pénétrons de suite pour examiner les services. Depuis 1873 la *Banque Populaire de Vicence* avait ici une agence, lorsqu'en 1877, sous l'impulsion de M. Donati, Lonigo voulut y substituer un établissement bien à elle. En quelques semaines on souscrivit un capital de 150,000 l. et un fonds de réserve de 10,000 l. Autant que ce viril *fara da se* d'une population dont la partie agglomérée ne dépassait pas 4 ou 5,000 âmes, retenons ce trait, qui se retrouve à chaque pas dans la coopération italienne : la banque-mère, loin de voir la séparation avec jalousie, y applaudissant dès que le groupe local révèle une sève économique suffisante. Au 1er janvier 1890, 3,255 sociétaires se répartissent 12,380 actions ; le capital atteint 371,400 l., la réserve 162,853 l., un fonds spécial 85,585 l. L'ampleur de ces réserves, que l'actionnaire a consenti à former en modérant le dividende, tient lieu de la force que donne ailleurs la solidarité. Le reste des ressources est procuré par 366,677 l. de comptes-courants, 1,522,728 l. de dépôts d'épargne, 1,213,706 l. de ces bons à échéance fixe dont j'ai parlé comme instrument bien adapté du crédit agricole. Voilà plus de 3 millions d'épargne constituée goutte à goutte. La Caisse postale a peu de clients ; comme partout où l'initiative est forte, ces travailleurs intelligents préfèrent l'action libre à celle de l'Etat, et comprennent l'avantage qu'ils ont à porter leur argent là d'où il leur reviendra en rosée fertilisante par les prêts ou les escomptes.

L'agriculture est la richesse de ce coin de erre : elle est développée par la *Banca*. Sur un mouvement d'effets de 7,631,270 l. en 1889, je ne trouve pas moins de 11,028 opérations représentant du crédit agricole: pour 3,549,740 l. avec de petits agriculteurs et de petits propriétaires ruraux, pour 1,828.967 l. avec d'autres plus importants, pour 86,414 l. avec des paysans et des ouvriers de la terre. Des prêts agraires de faveur sont en outre consentis jusqu'à 500 l., à 3 75 % et à un an au plus, pour achat de machines, de semences, d'engrais, d'engrais chimiques, d'animaux, et pour travaux d'amélioration, sur avis du Comice Agraire, selon un accord du 10 juin 1884 avec ce Comice et un règlement détaillé; jusqu'à présent, les cultivateurs ne paraissent pas user assez de ces prêts.

Mais ce qui fonctionne avec largeur, c'est le crédit agricole courant. Nous voulons entrer dans le détail de ces opérations, voir par une sorte de vivisection à quels besoins elles satisfont, et nous appelons dans l'assistance un certain nombre de paysans, qui s'empressent de répondre aux interrogations de ces enquêteurs sans mandat officiel. — Pietro Casaline, qui possède 3 hectares, se rappelle qu'avant la fondation de la *Banca*, on lui prêtait à des taux écrasants; aujourd'hui il est en face de braves gens, à qui il paye 6 1/4 %, et qui savent attendre un peu s'il le faut; il a emprunté 1,300 l., et acheté des bois, excellente affaire. — Danzo a acquis avec un prêt de 500 l. un hectare de blé, et par le seul produit a remboursé : « sans la Banque, » s'écrie-t-il, « je ne serais pas propriétaire. » — Sano, qui a une maisonnette et un lopin, a pu, grâce à un prêt de 550 l., doter une sœur, garder non émietté le chétif domaine paternel. — Trévisan, fermier et commerçant, a par un prêt de 2,000 l. payé son fermage dans de mauvaises années, et s'est libéré par dixièmes sur les gains de son négoce. — Bertesini a arrondi le champ de famille, et a déjà restitué la moitié de son emprunt. — Cora, propriétaire de cinq *campi*, a pris 560 l., s'est bâti une étable, et s'est acquitté peu à peu... En définitive la plupart étendent leur propriété, ou l'améliorent. S'il reste des usuriers, ils chôment. Et les pertes sont presque nulles pour la *Banca*; elle a un donneur de renseignements, petit propriétaire, qui l'informe gratuitement et très exactement.

La *Banca* est prospère. Malgré la crise qui a ralenti un peu le mouvement d'affaires, le dernier dividende a été encore de 8 %. Toute l'organisation est remarquable. Les services de comptes-courants avec chèques, de comptes-courants à garantie d'effets publics, de livrets d'épargne à partir de 0.50 c., de bons à échéance fixe, sont minutieusement réglés comme dans le plus grand établissement. Depuis 1881, des prêts sur l'honneur sont accordés jusqu'à 100 l., à six mois au plus, avec intérêt et amortissement mensuel, mais exclusivement aux membres des sociétés mutuelles de l'arrondissement : il en a été fait pour 7,646 l. en 1889. Quoique le personnel soit peu nombreux, il jouit d'une Caisse de prévoyance du type Courcy, qui ne remonte qu'à 1885 et avait déjà fin 1889 un actif de 16,235 l. On fait en outre l'expérience de l'assurance sur la vie ; tous les employés sont assurés à la *Popolare*. La série des comptes-rendus du conseil d'administration depuis douze ou treize ans témoigne d'un incessant effort de progrès. Ce qui me frappe le plus dans cette marche ascensionnelle, c'est qu'elle nous montre sur le vif le succès d'une de ces institutions qui dans un petit centre, au cœur d'une zone rurale, exercent le crédit agricole étendu, complet.

La *Banca* est la trésorière de deux associations mutualistes, l'une pour les hommes, l'autre pour les femmes. — La *Societa Operajo-Agricola Maschile*, à la tête de laquelle est aussi M. Donati, a pour vice-président le prof. Cenzati et pour secrétaire M. Fusa. Au 1er janvier 1890, elle comptait 503 membres effectifs (classés en ouvriers et paysans), 19 honoraires ; son patrimoine s'élevait à 29,442 l. Elle distribue des subsides aux malades ou aux familles après décès, fournit les soins médicaux et les remèdes, aide ceux que la misère ou la vieillesse rend incapables de travail. — Plus attachante encore s'il se peut, la *Societa Operaja Femminile*, représentée par sept directrices, femmes d'avocats, d'ingénieurs, de propriétaires sous la présidence de Mme Madd. Chiampan, a 230 sociétaires au bout de deux ans d'existence. Elle distribue des secours en cas d'impuissance involontaire à travailler, de maladie (sauf inconduite), de couches, et un secours spécial à la suite d accouchements trop pénibles. Elle fait des prêts sur parole pour achat de machines à coudre, etc. J'ai noté dans les statuts le concours de la *Societa Maschile* pour la comptabilité ou les emplois de fonds, et un rouage analogue aux *probiviri*, trois *Conciliatrici* pour apaiser les contestations.

De ce joli palais du bien nous allons au quartier de la *Societa per Case Operaie ed Economiche*, rue Molino-Soppresso. Le 5 décembre 1884, la *Banca* et la *Societa Maschile* s'étant déclarées prêtes à promouvoir une société d'habitations, la municipalité affecta 6000 l. à acquérir des terrains dont elle fit don à la société projetée, avec une subvention de 1 % par an pendant trente années sur 50,000 l. C'est une coopérative encore, à actions de 25 l. Nul ne peut avoir plus de 80 actions, sinon les mutualités. La *Societa Maschile* souscrivit 200 actions, la *Banca* 160. L'objet est d'édifier des maisons salubres soit pour louer aux *soci* et aux mutualistes de la *Maschile*, soit surtout pour vendre aux *soci*, avec amortissement de 10 à 30 ans, à des prix dans lesquels l'intérêt ne doit pas excéder 5 %. Le dividende des actionnaires est limité à 5 %.

Au 1er janvier 1890, la Société a un capital de 35,125 l., en 1405 actions, et une réserve de 3029 l. Elle se compose de 207 membres. Elle a bâti trois types de maisons, A, B, C. Il y eut d'abord, comme partout, hésitation de la clientèle, peut-être avec la pensée de peser sur les prix ; on réduisit les loyers de 150 à 120 l., de 170 à 140, de 210 à 180, suivant les trois types, afin de louer, et on loua. En 1886 on put donner 4 1/2 % ; malgré des impôts alourdis, on a pu donner encore en 1887, 1888 et 1889 4 %. Les frais sont si minces! La *Banque Populaire* s'est chargée gratuitement de la trésorerie et des écritures. M. D. Donati est président d'honneur, M. J. Carlotto président actif, M. Donati fils vice-président. Nous parcourons une quinzaine de maisons, bien exposées au midi. Le type supérieur comprend au rez-de-chaussée deux pièces avec cour et water-closet au fond, deux chambres au premier étage, un grenier ; les autres n'ont guère qu'une pièce par étage. Cela est bien modeste ; mais il l'a fallu pour descendre à de bas prix, et les besoins sont très modestes aussi. Les maisons sont dans une situation saine, bien aérées, bien construites. Comme il arrive fréquemment ailleurs, les ouvriers n'ont pas encore le sens de l'accession à la propriété, ou bien la crise et l'excès des impôts leur en ôtent les moyens, ou bien ils tiennent à essayer avant d'acheter ; le fait est que les demandes d'acquisition par annuités manquent, on s'est contenté de simples baux.

Qu'on ne l'oublie pas, tout ce mouvement d'action sociale se passe dans une simple commune agricole ! Au banquet offert le soir dans l'hôtel de la *Banca Popolare*, et où, parmi des toasts ardents, nous entendîmes encore après celui du chef du Municipe retentir le cher cri *Vive la France*, il était en vérité trop facile de traduire les impressions communes. Quelle leçon d'initiative que cette mise en œuvre variée de l'idée coopérative sur un si étroit théâtre ! Quel attrait utile pour nous dans cette exacte et intégrale application du crédit agricole faite avec une habile prudence aux travailleurs des champs ! Quel haut mérite que celui des hommes dont le goût d'action et la fermeté inaccessible aux doutes ont été les sources de si pratiques bienfaits ! Nous repartions cette nuit même pour Milan et la France. Il eût été difficile de clore par un objet d'enquête plus intéressant que ce parfait petit groupe coopératif le voyage d'études, dont il ne nous reste qu'à résumer l'enseignement par quelques réflexions.

IX

Conclusion.

Au terme de ce récit, l'auteur espère pouvoir se rendre le témoignage de s'être strictement enfermé dans son plan modeste. Il n'a voulu fournir que des notes documentaires, quelques constatations sur l'état du crédit populaire, de la mutualité, de la coopération, de l'épargne, dans les lieux de l'Italie où il a passé et au moment où il y a passé. Il n'a laissé parler que les faits et les chiffres. S'il est loin d'avoir tout vu, il s'est appliqué à voir avec précision et à décrire avec exactitude.

Que se dégage-t-il, en somme, de ces pages ?

L'indication d'une remarquable activité sociale, d'une décentralisation économique vivante, de progrès pratiques en bien des voies ;

la preuve que la crise actuelle, exagérée à l'étranger, tient à des causes spéciales, et n'a presque pas atteint les institutions de prévoyance (1) ;

(1) Les rares exemples contraires qu'on a cités ne portent pas ; la Banque populaire de Turin n'en avait que le nom ; elle avait des actions au porteur, c'était une banque de spéculation ; il ne suffit pas de s'intituler banque populaire pour l'être.

une impression favorable à ce peuple qui a les défauts, mais les qualités de la jeunesse, compact en dépit des divisions politiques et autour d'une dynastie populaire dans son unité nationale définitive.

Parce que ces conclusions, comme les faits qu'elles synthétisent, sont à l'honneur de l'Italie et semblent empreintes d'optimisme, je ne me dissimule pas qu'à l'heure actuelle une certaine partie de l'opinion, même lettrée, pourra me faire grief d'en être l'écho, ou sera portée à en douter.

A ceux qui placent le patriotisme dans l'ignorance volontaire, il suffit de répondre : à quoi sert de nier ce qui est ? Contester que ce pays soit en avance sur plus d'un chemin, le dépeindre ou se le figurer comme à la veille d'un retour à l'émiettement ou d'une ruine, c'est se leurrer ou tromper autrui. — Les Italiens, dit-on, ont des torts envers la France. — Prise dans l'ensemble, en ses zones élevées et en ses masses démocratiques, je suis convaincu que la nation italienne nous est profondément sympathique et attachée : la sincérité des accueils spontanément faits aux Français, durant tout le voyage dont le récit précède, était évidente. Or à affermir ces tendances, non à les contrarier, les patriotes des deux pays doivent concourir. Mais quand même nous nous illusionnerions, nous qui pensons ainsi, serait-ce un motif pour ne pas étudier l'Italie? N'avons-nous pas des leçons à recueillir jusque chez nos durs ennemis d'Allemagne ? Le vrai patriotisme est là, celui qui ne se grise pas de mots ou d'infatuation stérile.

Je comprendrais mieux que tel ou tel s'étonnât de ce dont témoignent ces pages sur la diffusion et l'importance de l'épargne, le développement économique, la prospérité des institutions analysées, chez nos voisins. Comment concilier cela avec tout ce qu'on entend et tout ce qu'on lit depuis deux ou trois ans à propos de la détresse italienne ? Je n'ai rien avancé qui n'ait été saisi par mon observation directe, ou vérifié sur des documents d'une série d'exercices, documents qui n'étaient pourtant pas dressés pour la circonstance. Il est puéril de croire l'Italie dans la misère : qui le croirait n'a qu'à aller voir ses belles villes vivaces, ses populations ouvrières fortifiées par la coopération, son agriculture florissante qui s'outille, et si l'on objecte les régions pauvres, je demanderai si tout pays n'a pas les siennes. Puis il y a des distinctions à faire, qui expliquent l'apparente contradiction. Ces institutions dont j'ai retracé la marche, elles sont restées en dehors des excès spéculateurs ou édilitaires ; elles sont saines, réserve faite pour tel détail que je n'aurais pu contrôler dans la composition de leurs portefeuilles. Il faut en différencier absolument le crédit du crédit des banques ou des sociétés foncières compromises par les affaires aventureuses, par le jeu sur les terrains ou les bâtisses, et du crédit surmené de l'Etat.

L'Etat est allé trop vite. Il a abusé de son crédit, en partie pour hâter l'outillage national (l'extension du réseau ferré par exemple), ce qui était excusable, mais surtout pour des dépenses militaires sans nécessité et excédant les facultés d'une nation en pleine croissance. Il en est résulté une Dette publique trop promptement accrue par rapport à la fortune générale, une disproportion sensible entre les sommes absorbées par les intérêts de ce passif et l'ensemble des recettes de l'Etat, l'ébranlement de l'équilibre dans les budgets, des impôts trop nombreux et trop lourds, dès lors (et par suite de fautes dans les relations extérieures) un ralentissement de la production, de la consommation, des exportations. Le Trésor pourrait être conduit à chercher dans des prêts les ressources nécessaires au service de ses rentes, au lieu de les trouver naturellement dans les revenus normaux ; mais ce ne serait là qu'une gêne momentanée. La France a aussi un Etat insatiable consommateur de capitaux, elle étend trop sa Dette, elle a connu l'échec de grandes entreprises privées ; sa fortune n'en reste pas moins immense, et sa politique financière s'améliorera. Pour être moins magnifique, le fonds en Italie est cependant solide ; le peuple est économe, laborieux, sobre, il vit de peu et s'en contente ; avec cela, bien des malaises, ou même des maladies, sont curables.

Dans l'observation attentive et loyalement sympathique de l'Italie, un patriotisme intelligent doit mettre à profit le spectacle des fautes pour s'en garder, le spectacle du bien pour l'imiter.

Ce que l'Italie nous montre de bon, ou plutôt d'excellent, c'est ce qu'on a vu dans ce livre :

c'est l'intense expansion de la race, pour laquelle, au lieu de trop insister sur l'émigration, mieux voudrait voir que ce peuple n'est pas malthusien ;

c'est l'avancement de la culture intellectuelle jusque dans les milieux des employés et des ouvriers manuels ;

c'est l'extrême développement des organismes économiques populaires, créés partout de la splendide Milan jusqu'à Zoldo à 1,000 m. d'altitude dans la montagne, agencés avec une ingéniosité technique frappante, et dont la stabilité vient d'être démontrée par la résistance aux épreuves ambiantes ;

c'est le sens du progrès pratique, servi en haut par un généreux esprit de devoir social, en bas par une vivacité avisée, par la modération des désirs, par la passion de l'économie, par l'habitude d'une honorable reconnaissance envers les élites dévouées ;

c'est une décentralisation toute fondée et agissante, au lieu de notre centralisation paralysante;

c'est le libre emploi de l'épargne sous une législation large, au lieu de notre absurde adduction passive dans la Dette d'Etat ;

c'est le crédit agricole, que nous déclarons une utopie, en plein fonctionnement ; c'est la coopération, si maigre chez nous, poussant là-bas de vigoureuses racines dans tous les domaines production, consommation, crédit, construction d'habitations à bon marché, industries rurales ;

c'est le sentiment et le goût de l'initiative répandus jusque dans les plus petites localités, au lieu de notre Parisianisme déraisonnable et de nos mœurs Etatistes jusqu'à la manie.

Si grande que soit la supériorité de la France comme richesse acquise et rapidité d'accroissement de cette richesse, cela ne fait pas qu'elle n'ait rien à perfectionner dans la circulation. Le sang est plus riche chez elle ; en Italie il n'afflue pas à la tête, il court mieux dans tous les membres, les canaux sont meilleurs.

Nos voisins d'au-delà des Alpes peuvent corriger leur situation financière par des économies, par une sage politique douanière, par un rapprochement de la France. Et nous pouvons apprendre beaucoup chez eux pour l'action sociale libre ; notre bourgeoisie peut y voir les fruits de l'initiative, nos ouvriers peuvent y reconnaître les avantages des progrès réels sur les chimères et de la modération des exigences sur leur excès.

L'auteur de ces pages aurait atteint son but, il serait heureux, s'il avait pu indiquer aux Italiens éclairés les vœux de leurs amis de France, s'il avait pu surtout être de quelque utilité à ses compatriotes en leur donnant une idée plus exacte des efforts sociaux en Italie, en rectifiant certaines opinions erronées, en poussant son pays à des progrès pratiques facilement assimilables.

NOTE *(p. 95)*

L'auteur n'a pas voulu surcharger son récit de notes ou d'appendices. Il citera pourtant un document officiel publié peu avant ce volume, et qui en confirmant l'exactitude de ses appréciations, montre sur le vif par un détail intéressant l'influence du libre emploi décentralisé de l'épargne sur le progrès de l'activité industrielle d'une région.

On lit dans le rapport présenté par M. Grandgeorge au nom de la Commission permanente des valeurs de douanes :

« Le marché de soies de Milan, jusqu'alors resté le satellite du marché de Lyon, parait s'en être à peu près affranchi.

L'Italie nous a demandé, il est vrai, plus de soies grèges cette année ; nos exportations, qui étaient de 685,000 kilog. en 1887, se sont élevées à 808,000 kilog. en 1889. Ces grèges sont en presque totalité des soies de la Chine et du Japon, que les Italiens nous ont achetées pour combler le déficit de leur récolte, et alimenter leur moulinage, dont l'activité a été plus grande que jamais. De plus, l'Italie nous a demandé 881,000 kilog. de cocons, dont la plus grande partie sont des cocons français très fins. Ces achats de l'Italie dénotent de la part de ce pays une *grande activité commerciale, activité que prouve encore le mouvement de la Condition des soies de Milan.*

De 1887 à 1889 Lyon a augmenté ses transactions de 1,061,000 kilog., représentant 22 % sur son chiffre d'affaires en 1887, et pendant la même période *Milan a augmenté les siennes de 1,353,000 kilog., soit de 35 %.* »

Le rapporteur attribue ces résultats aux taxes mises sur les soies italiennes. Si Milan a profité de nos fautes douanières, Milan l'a fait grâce au concours de la puissante institution que nous avons montrée fortifiant par son magasin-général et ses avances le marché local des soies.

TABLE

Librairie GUILLAUMIN et Cie, rue Richelieu, 14.

EXTRAIT DU CATALOGUE

THÉORIE GÉNÉRALE DE L'ÉTAT, par BLUNTSCHLI, traduit de l'allemand et précédé d'une préface par M. Armand de Riedmatten, docteur en droit, 3e édition. 1 vol. in-8. Prix . . . . 9 »

ANNALES DE LA SOCIÉTÉ D'ÉCONOMIE POLITIQUE publiées sous la direction de M. Alph. COURTOIS, secrétaire perpétuel, tome quatrième, janvier 1860 à juin 1862. 1 vol. in-8. Prix . . . . 9 »

CONGRÈS INTERNATIONAL DU REPOS HEBDOMADAIRE au point de vue hygiénique et social tenu à Paris au cercle populaire de l'Exposition, du 24 au 27 septembre 1889, compte-rendu in-extenso. 1 vol. in-8. Prix . . . . 4 »

LES INDUSTRIES ACCESSOIRES DU VÊTEMENT ET LES TRAITÉS DE COMMERCE, rapports et études à propos des réponses à l'enquête ministérielle sur l'établissement des tarifs des douanes, publiés par MM. FALCIMAIGNE, FARCY, HAYEM, KLOTZ, MORTIER, PARENT, sous la direction et avec préface et notes de M. Julien HAYEM. 1 vol. in-8. Prix . . . . 10 »

L'EXAGÉRATION DES CHARGES MILITAIRES ET LES PRIX DE REVIENT, par Emile DELIVET, ouvrage couronné par la Société d'économie politique de Paris, 1 vol. in-18. Prix . . . . 4 »

L'OR ET L'ARGENT dans leurs fonctions monétaires, par J. WOLTERS, br. in-8. Prix. . . . . 4 »

L'ASSURANCE OUVRIÈRE DANS LES MINES et la réorganisation des Caisses de prévoyance en faveur des ouvriers mineurs, par l'ingénieur Edmond PENY, br. in-8. Prix . . . . 2 »

LES QUESTIONS D'ÉCONOMIE SOCIALE DANS UNE GRANDE VILLE POPULAIRE (ÉTUDE ET ACTION), *avec une statistique des institutions de prévoyance et de philanthropie à Marseille*, par M. Eugène ROSTAND, ouvrage couronné par l'Académie des Sciences morales et politiques au concours du prix J. Audéoud (1re série), 2me éd. Prix . . . . 10 »

LA RÉFORME DES CAISSES D'ÉPARGNE FRANÇAISES, par M. Eugène ROSTAND. Prix. . . . . 5 »

LA CRISE DE LONDRES EN NOVEMBRE 1890, par M. A. RAFFALOVICH, br. in-8. Prix. . . . . 1 »

BULLETIN ANNUEL DES FINANCES DES GRANDES VILLES, 9e et 10e années, 1886, br. in-4°. Prix . . . . 2 »

NOUVEAU DICTIONNAIRE D'ÉCONOMIE POLITIQUE, sous la direction de MM. Léon SAY et Joseph CHAILLEY.
En vente tome I, de A à H. . . . . 25 »
Prix de chaque livraison . . . . 3 »

ACTES DU Ier CONGRÈS DES BANQUES POPULAIRES FRANÇAISES (Marseille 1889). Prix. . . . . 3 »

ACTES DU IIe CONGRÈS DES BANQUES POPULAIRES FRANÇAISES (Menton, 1890), sous presse.

www.ingramcontent.com/pod-product-compliance
Ingram Content Group UK Ltd.
Pitfield, Milton Keynes, MK11 3LW, UK
UKHW020130220726
13923UKWH00001B/87

9 782016